Ursula Kraemer

Ich mach mich selbständig

Frauen gründen anders

Ein Praxisbuch

Impressum
© Ursula Kraemer
Alle Rechte Ursula Kraemer, Friedrichshafen 2022
Satz und Covergestaltung: Ursula Kraemer
Umschlagfoto: Canva
Herstellung und Verlag: BoD – Books on Demand,
Norderstedt
ISBN 9783755768173
Printed in Germany

Inhalt

Übungen:

Einleitung:
Ich kann nicht verkaufen

„Ich kann nicht verkaufen." Diesen Satz höre ich vor allem von Frauen, die sich mit einem Dienstleistungsangebot selbständig gemacht haben oder selbständig machen wollen. Oft noch mit dem Nachsatz: „Es wäre so gut, ein anderer könnte das für mich übernehmen." Das ist ein denkbar schlechter Ausgangspunkt. Mit einer solchen Feststellung wird die augenblickliche Situation zementiert: „Es ist so. Nichts wird sich ändern." Hilfreicher wäre die Einstellung: „Ich kann **noch** nicht verkaufen." Denn mit dem Willen, sich der Herausforderung zu stellen, kommt Bewegung in die Sache. Auch gute männliche Verkäufer haben irgendwann einmal angefangen. Den wenigsten wurde dieses Talent in die Wiege gelegt. Sie sind gestartet, haben sich verbessert, haben auch nach Misserfolgen weiter gemacht und sind so gewachsen. Und sind heute erfolgreich. Verkaufen lässt sich also lernen. Es ist eine Grundfähigkeit für jede Selbständige und die Voraussetzung für wirtschaftlichen Erfolg und kontinuierliches Wachstum eines Unternehmens.

Existenzgründung war lange Zeit für Frauen keine Option. Der Grund dafür mag zum einen in der traditionellen Rollenverteilung liegen, zum anderen aber im Wunsch der Frauen nach Sicherheit. Es fehlten weibliche Selbständige als Vorbilder und damit ein unterstützendes Netzwerk, das besonders in der Anfangsphase unabdingbar ist.

In den letzten Jahren allerdings ist der Anteil der Gründerinnen kontinuierlich angestiegen. 2019 lag er laut KFW Gründungsmonitor bei 40%, wobei etwas mehr Frauen im Nebenerwerb gründeten als im Vollerwerb. Die Selbständigkeit im Nebenerwerb ermöglicht Frauen eine selbstbestimmte Vereinbarkeit von Berufstäigkeit und Familienarbeit und gibt ihnen durch eine Teilzeitbeschäftigung gleichzeitig finanziellen Rückhalt. Frauen gründen häufiger im Dienstleistungssektor, was sich besonders gut im Nebenerwerb anbieten anlässt. Auch benötigt eine solche Gründung weniger Startkapital, das Risiko wird so gemindert. Doch eine Dienstleistung verkaufen heißt, sich selbst verkaufen, Interessenten von der eigenen Kompetenz zu überzeugen. Diese Vorstellung weckt in vielen Frauen die Furcht, nicht gut genug zu sein, sichtbar werden zu müssen und an den eigenen Worten gemessen zu werden.

Diese Furcht ist nur eine von acht Hürden, die den wirtschaftlichen Erfolg von Gründerinnen schmälern können. Sich damit auseinanderzusetzen, ist der erste Schritt zu mehr Verkauf und höherem Umsatz.

1. Über acht Hürden zum Erfolg

Erste Hürde: Zu wenig an sich glauben
Der Perfektionismus macht es Frauen schwer. Auch wenn sie schon viel gelernt haben, in den eigenen Augen ist das immer noch nicht genug. Statt Interessenten mit dem anzusprechen, was sie schon wissen und können, vergeuden Frauen Zeit damit, eine Fortbildung nach der anderen zu absolvieren. Dass sie damit möglicherweise an den Bedürfnissen der Kunden und des Marktes vorbei lavieren, ist ihnen nicht bewusst. Sehr viel zielführender ist es, mit einem thematisch begrenzten Angebot zu beginnen und einige Tester um konstruktives Feedback zu bitten. Deren Kritik kann das Konzept verbessern oder gar verändern. Sammeln Sie positive Rückmeldungen in einem extra Ordner und hängen Sie sie zusätzlich zur Ermunterung sichtbar auf. Feedbacks sind ein wunderbares Mittel gegen die Stimme des Zweifels, die sich bestimmt immer mal wieder meldet, und das nicht nur bei der Gründerinnen.

Zweite Hürde: Nicht sichtbar sein
Der Spruch „Sei wie das Veilchen im Moose..." wird zwar nicht mehr zitiert, doch er geistert immer noch in den Köpfen von vielen Frauen. Wer aber nur entdeckt werden will, anstatt sich aktiv zu zeigen, verschenkt Verkaufschancen.

Sichtbar zu werden erfordert, den eigenen Namen mit seinem Angebot zu verknüpfen und zu akzeptieren, dass selbständig sein auch bedeutet, in einem gewissen Rahmen eine öffentliche Person zu sein. Sichtbar werden darf kein einmaliger Akt sein, nur die Regelmäßigkeit bringt den Erfolg. Niemand kauft schon, wenn er zum ersten Mal von einer Firma hört oder deren Anzeige liest. Vertrauen entsteht, wenn die Aufmerksamkeit immer wieder darauf gelenkt wird.

Dritte Hürde: Die falsche Einstellung haben
Frauen wollen anderen nichts aufschwatzen oder gar aufdrängen. Dieser Gedanke hält sie davon ab, aktiv zu werden. Eine Dienstleistung zu verkaufen aber heißt nichts anderes, als dem Interessenten eine Lösung für sein Problem anzubieten und ihm aufzuzeigen, wie seine Situation nach der Zusammenarbeit aussehen kann. Die Entscheidung zu kaufen liegt allein bei ihm. Nimmt er das Angebot nicht an, muss das nicht bedeuten, dass er es nicht gut findet, sondern nur, dass es für ihn (jetzt im Augenblick) nicht passt.

Vierte Hürde: Nicht verkaufen
Zum Verkauf gehört nicht nur, mit anderen über sein Angebot zu sprechen, sondern auch, danach zu fragen, ob Interesse besteht, es anzunehmen. Allerdings sind Frauen hier oft zu vorsichtig. Sie warten ab und hoffen, ihr Gesprächspartner werde schon von sich aus den entscheidenden Impuls geben. Diese Zurückhaltung führt manchmal sogar dazu, dass Frauen überhaupt nicht über ihre Arbeit sprechen, weil sie davon ausgehen, man kenne ihre Firma und würde schon sagen, wenn man ihre Dienste in Anspruch nehmen wolle.

Fünfte Hürde: Helfen wollen

Die Geschäftsidee mancher Gründerin orientiert sich nicht am Markt, sondern an der Hilfsbedürftigkeit ihres Umfelds. Das ist menschlich anerkennenswert, doch wirtschaftlich wird sich das Geschäft in den seltensten Fällen tragen. Vor allem dann nicht, wenn diejenigen, an die sich das Angebot richtet, nicht die Mittel haben, dafür zu bezahlen, oder wenn es soziale Einrichtungen gibt, die solche Dienste kostengünstig oder gar kostenfrei übernehmen. Erfolgreich kann ein Unternehmen nur sein, wenn es sich an die passende Zielgruppe richtet und das Marktpotenzial geprüft wird.

Sechste Hürde: Sich überfordern

Frauen gründen oft im Nebenerwerb. Das ist prinzipiell ein guter Start, heißt es doch, dass über die Festanstellung ein Teil des Einkommens gesichert ist. Doch damit verbunden ist auch, dass sie zusätzlich zu ihrem Angestelltendasein ein Unternehmen auf die Bahn bringen wollen und in der Regel überdies auch für Haushalt und Kinder zuständig sind. Das übersteigt oft ihre Kraft, weil sie alles gleichzeitig „sehr gut" bewältigen wollen. Nur wenn die Gründerin bereit ist, Abstriche zu machen und ihren Anspruch, überall perfekt zu sein, aufgibt, wenn sie eigene Schwerpunkte setzt und sich Hilfe holt, wird sie auf die Dauer über genug Motivation, Kraft und Durchhaltevermögen verfügen.

Siebte Hürde: Zu günstig anbieten

Die Vorstellung, nicht oder noch nicht gut genug zu sein und deshalb keine Kunden zu bekommen, bringt viele Frauen dazu, ihre Preise zu nieder anzusetzen. Im Freundeskreis arbeiten sie sogar unentgeltlich, zum einen, weil sie ihre Leistung unterschätzen, und zum anderen aber, weil sie in die typisch weibliche Falle geraten: „Wir kennen uns doch." Für eine Probephase mag das noch angehen, doch spätestens nach der offiziellen Gründung müssen sie sich trauen, eine klare Grenze zu ziehen und die gesetzten Preise zu verlangen, die für alle, auch für Freunde, gelten müssen. Viel besser ist es zu lernen, die eigenen Angebote so gut zu präsentieren, dass Interessenten bereit sind, den geforderten Preis zu bezahlen. Es geht darum, die Kunden zu finden, die das Angebot zu schätzen wissen.

Achte Hürde: Zu wenig verhandeln
Die Angst, einen Kunden zu verlieren oder ihn gar nicht erst zu bekommen, hält Frauen häufig vom Verhandeln ab. Sie knicken schnell ein und sind bereit, finanzielle Abstriche zu machen oder für einen Pauschalauftrag mehr zu arbeiten als ursprünglich vereinbart. Es gehört zu einer guten Vorbereitung, für eine Preisverhandlung gerüstet zu sein und auch zu wissen, wo die untere Preisgrenze liegt und wann ein Auftrag mehr schadet als nützt.

2. Motivation und Ziel

Bevor Sie sich näher damit beschäftigen, ob eine Selbständigkeit für Sie erfolgversprechend ist, sollten Sie sich fragen, was Sie zu diesem Schritt motiviert, und herausfinden, ob Sie die persönlichen Eigenschaften mitbringen, die Sie als Unternehmerin brauchen.

Der Antrieb
Es gibt zwei gegensätzliche Triebfedern, eine Veränderung anzugehen: Die Weg-von-Motivation und die Hin-zu-Motivation. Die Psychologen beschreiben diese beiden Antriebe auch als den Weg, Schmerz zu vermeiden oder Freude zu erlangen. Die Weg-von-Motivation gleicht einer Flucht, während die Hin-zu-Motivation auf ein Ziel ausgerichtet ist. Wenn Sie sich selbständig machen wollen, weil der Chef Sie nervt, weil Sie im Job Aufgaben übernehmen müssen, zu denen Sie keine Lust haben, oder die pure Angst Sie leitet, den Job zu verlieren, dann sind Sie auf der Flucht. Die Wahrscheinlichkeit ist groß, dass Sie einen Anlauf nehmen und dann nicht durchhalten, wenn sich kein schneller Erfolg einstellt.

Menschen mit einer Weg-von-Motivation sprechen häufig von den Problemen, mit denen sie sich konfrontiert sehen. Sie wählen gerne den erstbesten Weg, um sich davon zu lösen, ohne sich zu fragen, ob die eingeschlagene Richtung stimmt. „Hauptsache etwas anderes." ist ihr Motto. Doch

Vorsicht: Sie haben als Unternehmerin zwar keinen unangenehmen Chef mehr, doch werden Sie immer mal wieder auch mit schwierigen Kunden zu tun haben. Sie hoffen auf einen Mehrverdienst? Der wird sich im ersten Jahr wohl kaum realisieren lassen. Sie möchten nur noch tun, wozu Sie Lust haben? Leider bleiben auch in der Selbständigkeit Aufgaben nicht aus, die einfach sein müssen. Um ein realistisches Bild von Ihrer Zukunft als Chefin einer eigenen Firma zu bekommen, unterhalten Sie sich mit denen, die diesen Schritt schon erfolgreich gegangen sind. Von ihnen können Sie lernen. Sie werden auch gute Ratgeber für Fragen sein, die in Zukunft auftauchen, und, wenn Sie Glück haben, Sie über manche Durststrecke hinweg begleiten.

Anders sieht es aus bei der Hin-zu-Motivation. Sie ist eine starke Antriebskraft und setzt Energien frei. In diesem Fall haben Sie klar vor Augen, was Sie möchten. Sie sind offen für Chancen, die sich Ihnen bieten, und bleiben langfristig motiviert. Sie wählen Schritte, mit denen Sie vorwärts kommen, und sind bereit, diese konsequent zu gehen. Mit diesem inneren Kompass sind Sie in der Lage, Ihr Ziel zu erreichen. Verstärken können Sie diese Motivation, indem Sie sich genau vorstellen, wie es sein wird, wenn Sie angekommen sein werden. Auch wenn die Weg-von-Motivation Ihre ursprüngliche Triebfeder ist, sich für eine Selbständigkeit zu entscheiden, werden Sie im Laufe der Zeit Ihre Hin-zu-Motivation entwickeln müssen, denn ohne sie werden Sie nicht durchhalten. Gründen ist keine Hauruckentscheidung, sondern ein Prozess.

Wir können nur erreichen, was wir uns vorstellen können. Deshalb ist es eine der wichtigsten Aufgaben bei einem Gründungsvorhaben, dass Sie sich ein konkretes Bild davon machen, sich genau ausmalen, wo Sie stehen und was

Sie erleben, wenn Sie Ihr Ziel in einigen Jahren erreicht haben. Ja, Sie haben richtig gelesen: Es geht nicht darum, die Dinge in der Zukunft zu beschreiben, „ich werde", sondern so zu formulieren, als ob Sie es schon geschafft hätten „ich habe".

1. Übung: Die Vision entwickeln

Schließen Sie die Augen und malen Sie sich aus, wie immer mehr neue Kunden zu Ihnen kommen. Die, mit denen Sie gearbeitet haben, sagen oder schreiben Ihnen, wie sehr Sie ihnen geholfen haben. Schauen Sie in Gedanken Ihren Kontoauszug an und freuen sich über die Zahlungseingänge. Welche Erfolge sehen Sie noch? Gibt es ein Interview mit Ihnen in der Presse? Haben Sie den Gründerpreis gewonnen? Je detaillierter Ihre Bilder sind, desto mehr werden sie Sie unterstützen.

Sich genau auszumalen, was man erreichen möchte, funktioniert nicht nur bei der Frage, ob und wie man selbständig werden will, sondern in allen Lebensbereichen. Diese Erfahrung habe ich mehrfach gemacht. So habe ich mich nach zweieinhalb Jahren intensiver ergebnisloser Suche hingesetzt und mein Traumhaus detailliert beschrieben und kurz daraufhin auch tatsächlich gefunden. Es entsprach genau dem, was ich wollte, „nur" hatte es keine blauen Fensterläden. Aber auf die konnte ich verzichten.

Noch überraschender allerdings war, was sich in einer Phase meines Lebens ereignete, der einer kompletten Neuausrichtung entsprach: Scheidung, Umzug, Start in die Selbständigkeit. Auch da notierte ich mir, was sich ändern würde und müsste und wie ich mir mein zukünftiges Leben vorstellte. Ein Jahr später habe ich dieses Blatt wieder hervorgeholt und staunte nicht schlecht: Alles war so, wie ich es mir vorgenommen hatte. Schon das Aufschreiben hatte bewirkt, dass ich fokussiert blieb und die notwendigen Schritte ging.

Bilder sind noch machtvoller als Worte. Deshalb möchte ich Ihnen den Vorschlag machen, auch die nächste Übung zu anzugehen, Sie wird Ihre Vision im Inneren verankern und dafür sorgen, dass Sie Ihr Ziel stets präsent haben.

2. *Übung: Ein Visionboard erstellen*

Für ein Visionboard oder auch Zielcollage genannt legen Sie sich die unterschiedlichsten Zeitschriften und Magazine zurecht. Sie brauchen außerdem eine große Pappe oder eine Pinnwand, Klebstoff oder Reißzwecke, Schere und Stifte.

Als Erstes durchforsten Sie das Material nach Bildern, die Ihren Traum der Selbständigkeit repräsentieren, und schneiden Sie sie aus. Auch Zitate, Überschriften und Grafiken eignen sich gut. Vielleicht finden Sie sogar passende Affirmationen, die Ihnen helfen, sich für Ihr Ziel zu motivieren und es konsequent zu verfolgen. Anschließend sortieren, arrangieren und befestigen Sie Ihre Fundstücke, wie es Ihnen am besten gefällt. Dann suchen Sie einen Platz, an dem Sie Ihre Zielcollage aufhängen und möglichst oft sehen können. So bleiben Sie stets auf Ihr Vorhaben fokussiert..

3. Eigenschaften einer Unternehmerin

„Ich brauche jemanden, der mir sagt, was ich zu tun habe, und der dann kontrolliert, ob ich es getan habe." Mit diesen Worten stellte sich eines Tages eine Gründerin zum Coaching vor. So allerdings spricht keine Frau, die in Zukunft ihr eigenes Geschäft leiten will. Doch welche Eigenschaften machen eine Frau zur Unternehmerin?

Sie übernimmt Verantwortung
Ihr ist bewusst, dass der Erfolg ihres Unternehmens von ihr allein abhängt. Sie bestimmt ihr Angebot und die Wege, wie Kunden auf sie aufmerksam werden und auf sie zukommen können. Ihre Ziele verfolgt sie entschieden. Wenn etwas nicht klappt, sucht sie die Schuld nicht bei andern, sondern probiert neue Wege aus, um zum gewünschten Ergebnis zu kommen.

Sie trifft Entscheidungen
Auch wenn sie vor einer schwierigen Situation steht, drückt sie sich nicht vor einer Entscheidung. Sie informiert sich bei verlässlichen Quellen, wägt die Folgen ihres Handelns ab und geht den Weg, zu dem sie sich entschlossen haben. Ob ihre Entscheidung richtig war, überprüft sie im Nachhinein und lernt daraus für die Zukunft.

Sie ist kreativ
Sie übernimmt nicht die Geschäftsidee eines anderen, sondern entwickelt ihre eigene. Diese verbindet sie mit ihrem Wissen, ihren persönlichen Eigenschaften, ihren Werten und so wird sie unverwechselbar. Ihre Konzepte, ihre Texte, ihre Flyer sprechen ihre eigene Sprache. Sie überrascht Kunden mit ungewöhnlichen Angeboten. Probleme motivieren sie, nach neuen Lösungen zu suchen und unbekannte Wege zu gehen.

Sie ist wissbegierig
Sie erweitet ihr Wissen, inhaltlich und auch im Hinblick auf den technischen Fortschritt. So ist sie in der Lage, Kunden immer optimal zu bedienen. Sie überprüft ihr Angebot in kontinuierlichen Abständen und aktualisiert es. Denn sie ist sich darüber im Klaren, dass ihr Unternehmen nur dann Bestand haben wird, wenn sie mit der Zeit geht. Ihr Ziel ist es, immer besser zu werden.

Sie ist diszipliniert und gut organisiert
Sie ist in der Lage, Prioritäten zu setzen, ihre Zeit zu nutzen und den Tag einzuteilen. Sie erledigt Aufträge termingerecht und sucht nach Möglichkeiten, Aufgaben an andere zu delegieren, sobald sie merkt, dass die Fülle des zu Erledigenden sie von ihrer Kernkompetenz, den Kunden zu bedienen, abhält. Sie nimmt sich regelmäßig kleine und große erholsame Auszeiten, um langfristig leistungsfähig zu sein. Sie sucht die Balance zwischen Arbeit und Freizeit.

Sie ist kommunikativ
Es fällt ihr leicht, Kontakte zu Menschen zu knüpfen und eine Beziehung zu ihnen aufzubauen. Das klappt im direkten Gespräch genauso wie am Telefon. Auch schriftlich fin-

det sie klare Worte und den richtigen Ton. Ihr Gegenüber versteht ihr Anliegen und auch, wie sie etwas meint Sie kann aufmerksam zuhören und ihre Angebote verständlich erklären.

Sie ist kritikfähig
In Fehlern und Missgeschicken sieht sie die Herausforderung zu lernen. Dabei unterscheidet sie sehr wohl zwischen berechtigter und unberechtigter Kritik und zwischen den Dingen, die sie beeinflussen kann, und jenen, die nicht in ihrer Macht liegen.

Die Liste ist lang, das stimmt. Es ist nicht Voraussetzung, dass Sie alle Eigenschaften schon in ausgeprägter Form mitbringen, wenn Sie an den Start gehen. Doch machen Sie sich bewusst, wo Ihre Stärken liegen und was es gilt weiterzuentwickeln. Am leichtesten entdecken Sie das, wenn Sie sich an Ihre bisherigen Erfahrungen im Berufs- und im Privatleben erinnern. Wie sind Sie bisher in schwierigen Situationen mit sich selbst und mit anderen Menschen umgegangen? Wie gut können Sie sich organisieren? Wie haben Sie Probleme gelöst? Wie haben Sie Entscheidungen getroffen? Wie klar haben Sie sich mündlich und schriftlich ausgedrückt? Wann und wie haben Sie gezeigt, dass Sie kreativ sind?

So wie Sie sich für den Gründungsprozess Hilfe und Begleitung holen können, so kann ein Coach Sie auch unterstützen, Ihre persönlichen Kompetenzen zu erweitern.

4. Eine anziehende Positionierung

Vor kurzem rief mich ein neuer Klient an. Wir vereinbarten einen Coachingtermin und am Ende des Telefonats fragte er mich: „Wissen Sie eigentlich, wie ich auf Sie komme?" Als ich verneinte, meinte er: „Mein Frau ist Sprechstundenhilfe bei Ihrer Frauenärztin." Eine solche Praxis ist nun wirklich nicht der Ort, an dem ich neue Kundinnen vermute oder dafür werbe. Doch die Tatsache, dass mich die Sprechstundenhilfe bei der Anmeldung fragte, was ich beruflich mache, gab den Ausschlag, dass sie mich weiterempfehlen konnte. Und zwar vor allem auch deshalb, weil sie nicht nur erfuhr, was mein Beruf ist, sondern auch, weil ich ihr sagte, was ich anzubieten habe und für wen. Ob Sie von Interessenten gefunden werden und diese dann bei Ihnen kaufen, welchen Ruf Sie sich erarbeiten und daraus resultierend, was Sie für Ihre Dienstleitung verlangen können: Die Positionierung gibt den Ausschlag.

Gerade Gründerinnen schrecken davor zurück, sich spitz aufzustellen, weil sie Angst haben, so nicht ausreichend Umsatz zu machen oder potentielle Kunden abzuschrecken. Statt sich, zumindest am Anfang, auf ein Thema zu fokussieren, nehmen sie dieses oder jenes zusätzlich in ihrem Angebot auf oder entscheiden sich gar, gleich auf unterschiedlichen Standbeinen zu beginnen. Diese Verzettelung ist der falsche Weg. Denn wer für jeden alles anbietet, ist für niemanden die Richtige. Anziehend sind Sie für

Interessenten nur, wenn diese Ihre Expertise erkennen und Ihnen deshalb zutrauen, dass Sie ihnen weiterhelfen können. Das ist nicht der Fall, wenn Ihr Unternehmen einem Bauchladen gleicht.

Die richtige, also die eindeutige Positionierung besagt, dass Sie sich von der Konkurrenz abheben und zeigen, welchen Mehrwert Sie bieten. Wenn Sie Ähnliches anbieten wie die Konkurrenz, werden Sie nur über den Preis verkaufen können. Für eine Alleinunternehmerin, die ihre Zeit gegen Geld eintauscht, wird sich das Geschäft auf Dauer nicht tragen. Sie mögen jetzt einwenden, dass Sie sich in vielen Bereichen gut auskennen und es Ihnen deshalb schwer fällt, sich für ein Thema zu entscheiden. Auch wenn das so ist, möchte ich Ihnen dennoch raten, zumindest am Anfang nur eine Leistung in den Vordergrund zu stellen, um mit ihr bekannt zu werden. Weiteres Wissen können Sie in Angebotspakete oder Zusatzkonzepte packen oder auf eine entsprechende Kundenanfrage positiv antworten. In diesem Fall haben Sie sogar die Wahl, ob Sie zusagen und dafür in Ihrem Terminkalender Platz einräumen möchten. Nehmen Sie sich Zeit, Ihre Positionierung zu finden. Je klarer Sie sie herausarbeiten, desto überzeugender und selbstbewusster werden Sie sie dem Kunden gegenüber vertreten, weil Sie wissen, wofür Sie stehen und was Sie am besten können.

3. Übung: Die Positionierung bestimmen
Schreiben Sie Ihre Antworten und Gedanken zu den folgenden Fragen auf. Sammeln Sie vorerst nur, bewerten und entscheiden Sie in dieser Phase noch nichts.

Die Stärken
Ausgangspunkt sind Ihre Ausbildungen, Ihre beruflichen Erfahrungen, Ihre Weiterbildungen, Wenn Sie

sich entscheiden, selbständig anzubieten, was Sie bislang in einer Firma gemacht haben, werden Sie dies höchstwahrscheinlich zur Grundlage nehmen wollen. Doch das alleine reicht noch nicht aus. Sie können bestimmt noch mehr in die Waagschale werfen.

Gehen Sie einen Schritt weiter:

• Welche Aufgaben haben Sie schon übernommen?
• In welchen Gebieten wissen Sie mehr als andere?
• Was können Sie außerdem sehr gut?
• Welche Jobs hatten Sie früher noch?
• Was fällt Ihnen leicht?
• Was machen Sie besonders gern? Nicht nur beruflich, auch privat?
• Sind oder waren Sie ehrenamtlich tätig? Mit welchen Aufgaben?

Alles, was uns leicht fällt, halten wir leider selten für Können. Wir glauben, alle Menschen besäßen diese Fähigkeit und es wäre nicht möglich, dafür Geld zu verlangen. Doch das stimmt nicht. Angenommen, Sie haben es geschafft, zwei Streithähne in Ihrer Familie an einen Tisch zu bringen und dafür zu sorgen, dass sie in Ruhe miteinander reden und sogar zu einer Lösung kommen. Glauben Sie wirklich, alle anderen in Ihrem Umfeld wären dazu auch in der Lage? Warum kommen sie dann ausgerechnet zu Ihnen? Auch der Blick für Farben und Farbkombinationen, ein ausgesprochen gutes Gehör und akustisches Unterscheidungsvermögen sind nicht selbstverständlich.

Der Blick von außen
Ich hoffe, Sie sind offen für Komplimente und tun sie nicht mit einem Achselzucken oder gar mit Abwehr ab. Das

wäre schade, denn ernst gemeinte Komplimente machen Sie aufmerksam auf besondere Talente. Oft sind es gerade die Eigenschaften und Fähigkeiten, die wir im Laufe unseres Lebens mehr und mehr entwickelt haben und die andere an uns wahrnehmen und schätzen. Das kann Ihr grüner Daumen sein, die Souveränität, mit der Sie große Familienfeste ausrichten, Ihr Ideenreichtum, Ihr Organisationstalent. Was haben Ihre Kollegen, die Kunden, mit denen Sie zu tun hatten, immer wieder positiv erwöhnt? Wenn Sie solche Rückmeldungen noch nicht erhalten haben, dann fragen Sie nach. Sie werden vermutlich etwas über sich erfahren, was Ihnen vorher gar nicht bewusst war.

Schreiben Sie alles auf - mutig und kreativ!

Im nächsten Schritt werten Sie Ihre Liste aus: Gehen Sie Stichwort für Stichwort durch. Markieren Sie diejenigen farbig, die Sie besonders anziehen, die Ihnen ein heißes Gefühl im Bauch geben. Es sind immer noch zu viele? Dann gewichten Sie mit Punkten: drei für Talente, die Sie unbedingt in Ihre Selbständigkeit einbringen wollen, zwei für die, die vielleicht irgendwann eine Rolle spielen sollen, und einen für die, auf die Sie auch verzichten können. Nicht immer ist es nötig, sich für ein Talent zu entscheiden. Oft führt gerade die Verbindung von zwei oder drei Kompetenzen zur individuellen Positionierung.

Suchen Sie also Kombinationen aus allem, was Sie gefunden haben. Diese Kombination aus Fachwissen, persönlichen Erfahrungen und Eigenschaften ist Ihr Markenzeichen, Ihr Unterschied zu anderen Anbietern. Sie ist die Grundlage für eine überzeugende und tiefe Beziehung zu Ihren Kunden, denn diese werden spüren, dass Sie sie verstehen und ihre Situation kennen.

Für meine Positionierung als Gründungs- und Business-coach sind die eigene Erfahrung als Gründerin und Soloselbständige und Führungserfahrung in Projekten die Grundlage. Doch auch das Fachwissen aus meiner Zeit als Trainerin gehört dazu. Ich kenne mich aus in Themen wie Kommunikation, Konfliktmanagement, Selbstorgansiation und Persönlichkeitsentwicklung. Auch mit meiner Fähigkeit, mich schriftlich und mündlich klar auszudrücken kann ich meine Klientinnen unterstützen. Der Start in die Selbständigkeit begann mit Seminaren zu Gesprächsführung und Zeitmanagement. Und ganz allmählich hat sich im Laufe der Jahre die heutige Positionierung gerundet.

Die Wunschkunden
So oft höre ich „Ich möchte gerne etwas mit Menschen tun". Dieser Satz ist keine Positionierung, es ist ein Allgemeinplatz. Es gibt Menschen, die uns eher liegen als andere, Menschen, deren Probleme wir nachvollziehen können oder denen wir im Besonderen unsere Unterstützung geben wollen: Alte Menschen oder junge, gesunde Menschen oder kranke, Arbeitnehmer oder Selbständige, Menschen in bestimmten Lebensphasen oder in Lebenskrisen. Definieren Sie es enger: Meinen Sie Menschen mit bestimmten Krankheiten, in einer speziellen Familienkonstellation wie Vater - Sohn, Großeltern - Enkel? Meinen Sie Patchworkpaare, Menschen in bestimmten Einkommensverhältnissen oder solche in oder nach besonderen Lebenskrisen? Es gibt so viele Möglichkeiten.

In meiner Arbeit als Coach hatte sich mehr und mehr herauskristallisiert, dass Selbständige meine liebste Zielgruppe sind. Oder zumindest solche Klienten, die nicht nur über Probleme sprechen wollen, sondern die tatkräftig Lösungen suchen und auch zeitnah umsetzen.

Probleme der Wunschkunden
Diese Frage, welche Probleme Ihre Wunschkunden haben
und wie sie ihre Bedürinisse äußern, ist ausschlaggebend.
Denn es kommt oft vor, dass wir von außen betrachtet bei
jemandem ein Problem sehen. Doch die Betreffenden haben, auch wenn ihnen das Problem bewusst ist, nicht den
Wunsch, es zu lösen. Noch nicht. Oder nie. In diesem Fall
würde es schwer bis unmöglich werden, etwas zu verkaufen. Zwischen Problem und Bedürfnis zu unterscheiden
bedeutet, offen zu sein für Innovationen und Weiterent-
wicklungen. Denn wenn Sie lediglich eine Problemlösung anbieten, haben Sie ein Produkt oder eine bestimmte Dienstleistung. Orientieren Sie sich aber am Bedürfnis
von Menschen, haben Sie die Nase im Wind und erkennen, dass sich dieses Bedürfnis nicht nur auf einem Weg
erfüllen lässt. Ihre Angebote werden sich wandeln. Ein
Beispiel: In meiner Coachingausbildung gab es die klare
Vorgabe, im Gespräch mit dem Klienten im gleichen Raum
zu sitzen. Das lässt sich heute nicht mehr halten. Meine
Kienten kommen heute auch von weit her, sie wollen und
können keine Fahrzeit investieren und möchten oft schnell
einen Termin bekommen. Der technische Fortschritt macht
es möglich, per Mail oder Video zusammen zu kommunizieren.

Die Problemlösungskompetenz
Welche Probleme Ihrer Kunden können Sie mit Ihren Fähigkeiten am besten lösen? Welchen Nutzen werden sie haben, wenn sie mit Ihnen arbeiten?

Vermutlich werden Sie merken, dass es schwierig ist, auf
solche Fragen selbst eine Antwort zu geben. Erst im Gespräch mit potenziellen Kunden erfahren Sie deren Wünsche und Bedürfnisse. Lassen Sie sich von ihnen schildern,

was diese schon selbst zu deren Erfüllung getan haben, was und warum etwas nicht funktioniert hat, was besser hätte sein müssen und vor allem, ob sie überhaupt bereit wären, für eine Unterstützung Geld auszugeben.

Dieser letzte Punkt verdient besondere Beachtung. Denn auch wenn es das Bedürfnis gibt, ein Problem zu lösen, bedeutet das nicht automatisch, dass man für die Lösung bezahlen würde. In einem meiner Vorträge berichtete eine Teilnehmerin von ihrer Geschäftsidee, ältere Menschen bei Alltagsaufgaben unterstützen zu wollen: Bei Arztbesuchen zu begleiten, diverse Hausarbeiten zu übernehmen und Besorgungen zu machen. Freudig nahmen die Hilfesuchenden die Idee auf, doch ihre Angehörigen bremsten. Solche Dienstleistungen würden von ehrenamtlichen und karitativen Einrichtungen übernommen, dafür brauche es kein kommerzielles Angebot.

Mir fällt im Coaching immer wieder auf, dass Klientinnen zweifeln, ob ihr Wissen und Können schon ausreichen, Kundenwünsche zu erfüllen. Sie werden zu regelrechten Weiterbildungsjunkies und sammeln Zertifikate, Belege und Diplome. Oft auch zu Themen, von denen sie noch gar nicht wissen, ob Kunden diese überhaupt wünschen. Sie haben so zwar das Gefühl, sie seien aktiv, doch sie sind es am falschen Ort. Dabei wäre es viel besser, anzufangen mit dem, was schon da ist, und sich erst dann um eine Erweiterung des Angebots zu kümmern, wenn es eine Nachfrage dazu gibt. Gehen Sie also raus, sprechen Sie mit anderen über das, was Sie anzubieten haben bzw. anbieten möchten, hören Sie gut zu und bringen Sie das, was Sie hören, in Einklang mit Ihren Vorstellungen und Konzepten.

Wenn Sie in einem Feld selbständig werden wollen, das weder Ihrer Berufsausbildung noch Ihrer Berufserfahrung entspricht, dann klären Sie ab, ob das, was Sie schon wissen und können, ausreicht, um gute Leistung zu erbringen. Ist das nicht der Fall, holen Sie das nötige Fachwissen nach. Ich kenne etliche, die den Quereinstieg gewagt und auch gut geschafft haben, doch nur, weil sie die erforderliche Basis dafür legten. Halten Sie wenn Ausschau nach Weiterbildungsmodulen, die sich auch parallel zu Ihrer Angestelltentätigkeit absolviern lassen.

Nicht nur in der Gründungsphase, sondern regelmäßig sollten Sie als Unternehmerin nah am Kunden sein, um zu hören, bei welchen neuen Herausforderungen Sie ihn unterstützen können. Ich habe mir im Laufe der Zeit stets neue Themen angeeignet, um meinen Teilnehmern und Klienten das Passende bieten zu können, und Formate entwickelt, die den geringeren zeitlichen Möglichkeiten Rechnung trugen.

Als ich mit meiner Selbständigkeit als Trainerin und Coach begonnen habe, war es z.B. durchaus üblich, Seminare mit 15 Einheiten durchzuführen. 15 Termine! Mehr und mehr reduzierte ich den Umfang, da Interessenten immer weniger Zeit hatten, bis ich am Ende bei meinem Modell des Feierabendcoachings gelandet war. Ein klar umrissenes Thema, drei Stunden. Die schnelle Hilfe war nun gefragt. Auch habe ich aktuelle Probleme meiner Teilnehmer aufgegriffen und entsprechende Angebote entwickelt: „Umgang mit Aggressionen", da sich Mitarbeiterinnen in Sozial- und Jugendämtern verstärkt damit konfrontiert sahen oder „Gespräche mit Patienten und Angehörigen" und „Das schwere Gespräch – einschneidende Diagnosen mensclich vermitteln", da dies zu den schwierigsten Situationen im ärztlichen Alltag gehört.

Wie sich die Positionierung neuen Anforderungen anpasst, kann dieses Beispiel aus dem Coaching zeigen: Meine Klientin hatte den Fliesenbetrieb ihres Vaters übernommen. Das Geschäftsmodell war traditionell: Fliesen verlegen in Bädern, Küchen und auf Terrassen. Um die Firma besser aufzustellen und gegen die Konkurrenz zu bestehen, waren Änderungen und Neuerungen nötig. Wir spielten verschiedene Lösungen durch. Am Ende des Coachings hatte sich meine Klientin entschieden, den Betrieb zu spezialisieren: Italienische Fliesen würden ihr zukünftiges Fachgebiet sein. Sie suchte verlässliche Bezugsquellen, knüpfte persönliche Kontakte direkt bei den Herstellern im Land, brachte in Erfahrung, auf was beim Verarbeiten und bei der Pflege dieser Materialien zu beachten ist. Italienische Fliesen wurden ihr Markenzeichen. Je mehr sie damit in der Öffentlichkeit bekannt wurde, desto größer wurde ihr Kundenkreis. Man verband den Namen ihres Geschäftes mehr und mehr mit diesem Spezialgebiet. Die Interessenten kamen nicht nur aus dem Umland, sie nahmen weite Wege in Kauf, um sich von ihr beraten und bedienen zu lassen. Und sie waren bereit, für ihre Arbeit mehr zu bezahlen.

So etwas kennen Sie sicher auch aus eigener Erfhahrung: Wenn Sie Grippe haben, Rückenschmerzen oder ein Hühnerauge, dann suchen Sie einen Arzt in Ihrer Stadt oder zumindest in Ihrer Nähe auf. Doch sind Sie ernsthaft erkranken, werden Sie bestimmt weit fahren wollen, um sich Rat von einem Spezialisten zu holen und sich von ihm behandeln zu lassen.

Ein anderes Beispiel dazu: Der Besitzer eines Malerbetriebs litt seit einiger Zeit unter einem schwindenden Umsatz. Die meisten seiner Aufträge kamen von Bauträgern. Bei denen musste er allerdings oft lange warten, bis das Geld für seine Rechnungen einging. Privatkunden hingegen zahlten in der Regel pünktlich, doch machte dieses Geschäft nur einen kleinen Teil seines Umsatzes aus. Deshalb hätte er gerne mehr Privatkunden gehabt, doch konnte er sich nicht vorstellen, wie er das bewerkstelligen könnte. Ihm kamen Zweifel: Wie viele Menschen beauftragen für ihre Wohnung einen Maler? Die meisten kaufen sich Pinsel und einen Eimer Farbe und stehen am Wochenende selbst auf der Leiter. Doch dann wurde ihm klar, dass es durchaus Zielgruppen gibt, die dazu nicht bereit oder in der Lage sind: Paare, beide berufstätig, oft mobil unterwegs, Paare die gut verdienen und keine Lust haben, ihre geringe Freizeit damit zuzubringen, die Wohnung zu renovieren. Und auf der anderen Seite Senioren, denen das Möbelrücken und das Renovieren zu beschwerlich ist.

In der Folge richtete er sein Geschäft auf diese zwei Zielgruppen aus und formulierte sein neues Angebot: „Sie bekommen innerhalb von drei Tagen eine Antwort auf Ihre Anfrage und einen Kostenvoranschlag. Wenn wir uns einig werden, kommen wir, wir messen aus, schieben die Möbel zusammen, kleben ab, decken alles ab, wir streichen, machen auch wieder sauber und schieben anschließend alles wieder an seinen Platz. So bekommen Sie wunderschöne Räume und haben keine Arbeit damit." Mit dieser Neupositionierung gelang es ihm, das Geschäft wieder anzukurbeln und die Umsätze zu erhöhen. Empfehlungen zufriedener Kunden trugen zu seiner Bekanntheit bei und füllten die Auftragsbücher.

Natürlich spielt die Frage der Positionierung vor allem bei der Gründung eine tragende Rolle, denn der geschäftliche Erfolg wird davon bestimmt. Doch wie die Beispiele zeigen, erfordern Kundenschwund und Umsatzeinbußen, die Positionierung eines bestehenden Unternehmens neu zu justieren. Aber auch andere Kriterien können der Anlass sein für eine Positionsänderung: Wissenszuwachs, eigene verlagerte Interessensschwerpunkte, veränderte Kundenwünsche und Trends, die aufgegriffen werden wollen.

Was Sie daraus lernen können: Im Mainstream zu bleiben, also anzubieten, was alle anbieten, macht Sie austauschbar. Es gibt keinen spezifischen Grund, ausgerechnet Ihr Kunde zu werden. Sie werden nicht mit Ihrer Leistung argumentieren können, sondern nur über den Preis Interesse wecken. Wenn Sie aber Ihre Besonderheit in den Vordergrund stellen, ziehen Sie die Kunden an, die bereit sind, den gewünschten Preis zu bezahlen. Ihr Umsatz ist mehr als gesichert. Es erfordert Mut, anders zu sein. Doch dieser Mut wird belohnt.

Auf meinem YouTube-Kanal gibt es ein Video.[1.] zur Positionierung

5. Das Image des Unternehmens

Ob Sie einen Auftrag bekommen oder nicht, hängt von vielen Faktoren ab. Die Weichen dafür stellen Sie nicht erst, wenn Sie mit dem Kunden in Kontakt treten, sondern schon lange vorher. Alle Entscheidungen, die Sie im Vorfeld getroffen haben, beeinflussen das Ergebnis, angefangen von Ihrer Positionierung, dem Unternehmensauftritt über den Erstkontakt mit dem Kunden bis zum tatsächlichen Verkaufsgespräch und Abschluss.

Vertrauen ist die Voraussetzung, damit Menschen mit Ihnen Kontakt aufnehmen, sich näher über Ihre Angebote informieren und schließlich auch kaufen. Grundlage dafür, dass Vertrauen entsteht, ist das Image Ihres Unternehmens. Wie dieses Image, das Corporate Identity, beschaffen sein soll, legen Sie fest. Angenommen, Sie wären Mäuschen: Was würden Sie gerne hören, über Ihre Person, über Ihre Arbeit, über den Eindruck, den Ihre Firma macht? Mit welchen Eigenschaften möchten Sie und Ihre Firma verbunden sein? Diese Überlegungen allerdings sind nur der Anfang, die Vorarbeit sozusagen. In einem zweiten Schritt gilt es, die richtigen Entscheidungen zu treffen, um den gewünschten Eindruck beim Kunden hervorzurufen: Ihr sichtbarer Unternehmensauftritt, Ihre aussagekräftigen Geschäftsunterlagen, die Art und Weise, wie Sie Aufträge erledigen und wie Sie mit Kunden und Geschäftspartnern umgehen. Das eine ist also der Wunsch, das andere ist die Realität.

Für Sie als Existenzgründerin ist es unabdingbar, sich mit dem Image Ihrer Firma zu beschäftigen. Doch auch als gestandene Geschäftsfrau müssen sie ihren Unternehmensauftritt immer wieder auf den Prüfstand stellen und ihn anpassen, wenn das Feedback der Kunden nicht mehr mit Ihren Zielen übereinstimmt. Das gilt insbesondere auch für Unternehmerinnen, die ihre Positionierung verändert haben. Denn ein Image aufzubauen ist nichts, was, einmal getan, für lange Zeit reicht. Im Gegenteil, es ist ein immerwährender Lern- und Veränderungsprozess, denn jede Rückmeldung eines Kunden vermittelt Ihnen aufs Neue, ob der äußere Eindruck mit Ihren eigenen Vorstellungen übereinstimmt.

Um Ihre eigenen Vorstellungen mit dem äußeren Eindruck in Übereinstimmung zu bringen, brauchen Sie Rückmeldung, nicht von Ihren Kunden, sondern von allen, mit denen Sie zu tun haben: von Lieferanten, Kooperationspartnern und sogar von Mitarbeitern. Auf der Grundlage der Feedbacks können Sie Ihre Stärken ausbauen, ohne natürlich zu vernachlässigen, sich um die Schwachstellen zu kümmern. Doch denken Sie daran, Sie können nicht alles beherrschen. Sie werden nur besser, wenn Sie sich auf das konzentrieren, was Sie im Positiven ausmacht. Einstein hat sich ganz auf die Physik konzentriert und so Weltbewegendes herausgefunden. Ein guter Hochspringer wäre er vermutlich nicht geworden, wenn er auch noch so intensiv trainiert hätte.

Es wird Sie manches Mal überraschen, von Ihrem Umfeld zu erfahren, was dieses bei Ihnen im Positiven erkennt. Es spiegelt Ihnen möglicherweise sogar Qualitäten und Erfolge, die Ihnen selbst nicht bewusst sind. Sie selbst legen

Wert auf etwas, was dem Kunden gar nicht so wichtig war. Er dagegen spricht etwas an, was Sie aus dem Blick verloren hatten: Er nennt Ihre freundliche, entgegenkommende Art oder ist glücklich, dass Sie ihm den entscheidenden Tipp zur Verbesserung gegeben haben. Sie aber glauben, für ihn sei am wichtigsten gewesen, dass Sie den Kostenrahmen eingehalten haben. Diese Rückfragen helfen Ihnen, langfristige tragbare und gute Kundenbeziehungen aufzubauen. Kunden, die Ihnen schon vertrauen, brauchen die Bestätigung, dass sie eine gute Wahl getroffen haben, denn mit jedem positiven Feedback werden sie bestärkt, was sie wiederum veranlasst, Empfehlungen auszusprechen. Und für die Neukundenwerbung ist es ein Bonus, wenn dem Unternehmen ein guter Ruf vorangeht. Darüber hinaus sind diese Rückmeldungen bei der Akquise sehr hilfreich. Wenn Sie eine Dienstleistung anbieten, fällt es Ihnen vermutlich besonders schwer, positiv über sich zu sprechen. Da ist es doch viel leichter zu sagen: „Meine Kunden schätzen an mir..." Das kommt bei meinen Kunden sehr gut an..." „Ich freue mich, dass meine Kunden immer wieder zu mir kommen, weil ..."

Immer, wenn Sie eine positive Rückmeldung von Kunden hören, schreiben Sie sie auf, speichern Sie alles in einem Feedbackordner auf Ihrem Computer, um immer wieder darauf zurückgreifen zu können. Dies nicht nur, um gegenüber Interessenten überzeugender auftreten zu können, sondern auch als seelisches Polster für Sie selbst. Denn es wird im Arbeitsalltag immer wieder einmal vorkommen, dass Ihnen Kritik entgegenschlägt und Sie durch eine solche Rückmeldung entmutigt werden. Um sich wieder aufzubauen, lesen Sie die Feedbacks zufriedener Kunden. Sie sind Gold wert auch als Schutz gegen unberechtigte Kritik.

Das Image Ihrer Firma setzt sich zusammen aus dem, was Kunden von Ihnen sehen, von Ihnen hören und mit Ihnen erleben.

Was Kunden sehen

Wenn ein Interessent auf Ihrer Website sofort die Informationen findet, die er sucht, wenn ihn die Seite anspricht von der Struktur und Aufmachung her, wenn ihm die Fotos gefallen und auch die Farben, dann sind Sie ihm schon sympathisch, bevor Sie persönlich mit ihm sprechen können. Und nur dann macht er einen Schritt auf Sie zu. Das Gegenteil ist der Fall, wenn er sich durch sie Seite klicken muss und doch nicht findet, was er braucht, wenn er mit hohlen Worten, mit einem Werbeblabla, abgespeist wird oder wenn dort seit Monaten angekündigt wird: „Hier entsteht eine neue Präsenz". Das darf nicht sein, denn damit verschenken Sie Chancen.

Oder nehmen wir Ihre Werbeunterlagen, Ihre Prospekte, Ankündigungen und Pressetexte. Hier entscheidet nicht nur, ob die wesentlichen Informationen enthalten sind, sondern auch, ob der Text fllüssig und fehlerfrei geschrieben und ob das Layout ansprechend ist. Hüten Sie sich in diesem Zusammenhang vor Worthülsen. Worthülsen sind Begriffe, die wenig aussagen und deshalb ganz Unterschiedliches bedeuten können. Das ist oft der Anfang von Missverständnissen. Das gilt gleichermaßen für Ihre schriftlichen Unterlagen wie auch für Ihre Website.

Sie kennen das sicher aus eigener Erfahrung. Angenommen, Sie bestellen einen elektronischen Artikel, auch, weil auf der Website des Händlers ausdrücklich der mit dem Kauf verbundene Service betont wird. Sie erwarten also, im Reparaturfall schnelle Hilfe zu bekommen und dass Ihnen, sollte es einen Engpass in ihren Arbeitsabläufen geben, für diese Zeit ein Ersatz zur Verfügung gestellt wird. Doch weit gefehlt, unter Service versteht der Lieferant lediglich, dass er eine Hotline hat und Sie die Reparaturanweisungen aus dem Netz herunterladen können.

Ein anderes Beispiel: Wie oft ist auf der Website oder in den schriftlichen Unterlagen einer Firma zu lesen: „Bei uns steht der Kunde im Mittelpunkt." Was würde man mit einem solchen Aussage verbinden? Der Kunde sollte erwarten dürfen, dass er jemanden telefonisch erreicht oder zumindest, dass er zurückgerufen wird, wenn das versprochen wurde. Er möchte auch informiert werden, wenn es bei der Lieferung zu Verzögerungen kommt. Das ware ein angemessener Umgang mit Kundenwünschen und -bedürfnissen. Ist das nicht der Fall, widerspricht dies dem Anspruch . „Bei uns steht der Kunde im Mittelpunkt". Wenn Begriffe wie Verlässlichkeit oder Service zu Ihren kommunizierten Werten gehören, muss ganz klar sein, dass solche Zusagen hundertprozentig eingehalten werden und Unterlagen vollständig sind. Sie brauchen noch mehr Beispiele für Worthülsen? Da wären z.B. Kundenorientierung, innovativ, dynamisch, Qualität, alternativlos. Die Reihe ließe sich noch lange fortsetzen. Sagen Sie deshalb immer genau, was Sie meinen. Wenn das nicht in einem Wort geht, dann in einem Satz.

Worüber Kunden sprechen
Empfehlungen sind heute das A und O. Wenn wir etwas kaufen wollen, fragen wir bei Freunden und Bekannten, ob sie uns einen Rat geben können. Wenn wir von einem neuen Restaurant erfahren und unsere Freunde die Küche über alles loben oder die zuvorkommend Bedienung her

ausheben, dann ist doch klar, dass wir da auch mal hingehen. Aber im umgekehrten Fall, wenn wir etwas Negatives hören, lassen wir die Finger davon.

Das Netz ermöglicht es heute jedem, per Mausklick seine Bewertung abzugeben, ob in Textform oder in der Vergabe von Sternchen, ob bei Reiseveranstaltern, bei Onlineversendern oder Geschäften. Vergleichsportale, sogar für Ärzte, sind gefragte Plattformen. Auch Einrichtungen wie Schulen, Krankenhäuser und sogar Verwaltungen müssen sich der Bewertung stellen. Menschen kaufen gern auf Empfehlung, denn das bestärkt sie darin, eine gute Wahl getroffen zu haben. Darüber hinaus hat es noch einen weiteren Effekt: Wenn viele Kunden zufrieden waren, suchen wir ebenfalls nach den positiven Punkten eines Produktes, einer Dienstleistung und blenden Negatives eher aus. In unseren Augen können viele zufriedene Kunden nicht irren.

Empfehlungen spielen nicht nur im Netz, sondern auch im persönlichen Gespräch eine große Rolle. Wenn Sie ein lokales Geschäft führen, machen Erfahrungen mit Ihnen schnell die Runde, denn die Kunden in Ihrer Stadt kennen sich möglicherweise untereinander. Wussten Sie, dass Kunden, deren Erwartungen erfüllt wurden, es nur drei, höchstens fünf Leuten weitersagen? Doch da müssen Sie schon Glück haben. Wenn Sie aber einen Fehler gemacht haben, wenn etwas schief gelaufen ist, erfahren es mindestens dreißig Personen.Wir sind leider eher gewillt, Negatives genüsslich weiterzutragen, anstatt Positives zu betonen. Der einzige Weg, dass Kunden positiv über Sie sprechen, ist, gute Arbeit zu leisten. Da Sie aber nicht wissen können, worauf sie Wert legen, müssen Sie sie fragen. Holen Sie sich Rückmeldungen ein, ob Sie den

Erwartungen gerecht geworden sind und in welcher Beziehung. Fragen Sie, nachdem ein Auftrag abgeschlossen ist: „Was hat Sie besonders angesprochen? Welche Leistung hat Ihre Erwartung übertroffen? Und natürlich auch: „Wo können wir noch etwas lernen und besser machen?" Die Zahl der Weiterempfehlungen lässt sich erhöhen, indem Sie Ihre zufriedenen Kunden darum bitten, es weiterzusagen. Nicht nur in deren Freundes- und Bekanntenkreis, sie haben vielleicht auch Kooperationspartner, für die Ihre Dienste ebenfalls in Frage kämen. Weiterempfehlungen sind ein Freundschaftsdienst für sein Netzwerk, den Sie, wann immer möglich, auch zurückgeben sollten..

Was Kunden erleben
Angenommen, es ist der Tag X Ihrer Geschäftseröffnung. Sie haben aus diesem Anlass eine Annonce in der örtlichen Zeitung geschaltet und bieten Anrufern an, eine kostenlose Informationsbroschüre zuzusenden. Ein Interessent meldet sich per Telefon. Doch leider ist gerade niemand im Büro, um den Anruf anzunehmen. Der Interessent spricht also auf den Anrufbeantworter und bittet um die versprochenen Unterlagen. Sie haben Glück, wenn er überhaupt eine Nachricht hinterlässt, in den meisten Fällen legen Anrufer wieder auf. Gerne würden sie auf die Anfrage hin die Broschüre verschicken, doch leider ist die Druckerei aufgrund unglücklicher Umstände im Verzug. Es dauert fast eine Woche, ehe Sie die Unterlagen zur Post bringen können. Sie verschicken die Broschüre an alle Adressen in Ihrer Datenbank und legen einen Serienbrief dazu.

Der Interessent, der sich telefonisch gemeldet hatte, bekommt also keine persönliche Antwort, er erhält diesen Serienbrief. Vielleicht erinnert er sich schon gar nicht mehr daran, dass er auf Ihren Anrufbeantworter gesprochen hat.

Mit Ihrem Standardbrief fühlt er sich nicht angesprochen, sondern irgendwie abgespeist. Und er fragt sich zu Recht, wie sich eine Geschäftsbeziehung mit Ihnen gestalten würde. „Wie ginge es weiter, wenn ich dieser Firma einen Auftrag erteilen würde? Würde ich auch nicht erfahren, wenn eine Absprache nicht eingehalten werden kann? Würde ich ebenfalls mit einer Nullachtfünfzehn-Antwort abgespeist werden? Bekäme ich einen allgemeinen Vorschlag und nicht wie erhofft, ein auf meine Bedürfnisse zugeschnittenes Konzept?"

Viel besser wäre es gewesen, den Anrufer offen über das Missgeschick zu informieren und ihm anschließend mit einem persönlichen Brief und vielleicht sogar mit einer kleinen Zugabe das Gewünschte zuzuschicken. Transparente Kommunikation ist ein wesentlicher Bestandteil einer guten Kundenbeziehung.

Sie werden übrigens nicht nur in geschäftlichen Beziehungen als Unternehmerin gesehen, sondern auch in allen anderen Situationen, ganz gleich, ob Sie im Restaurant einen Tisch buchen, Ihre Jacke zur Reinigung bringen, das gelieferte Paket in Empfang nehmen oder zum Friseur gehen. Je kleiner der Ort, desto mehr Menschen kennen sich. Doch auch in größeren Städten wissen Sie nicht, ob jemand Sie erkennt und ob er Kontakte hat zu Menschen, die bei Ihnen gekauft haben oder kaufen wollen. Vieles spricht sich einfach herum.

Sie sehen, es gibt viele Möglichkeiten, das Image Ihres Unternehmens positiv zu beeinflussen. Nutzen Sie sie alle, regelmäßig.

6. Sichtbar sein

Der Name der Firma

Ein klug gewählter Firmenname weckt positive Assoziationen bei potenziellen Kunden und macht deutlich, welche besonderen Leistungen Ihr Unternehmen anbietet. Deshalb sollten Sie diese Entscheidung nicht übers Knie brechen, sondern die Idee reifen lassen. Denn sie rückgängig machen zu müssen, weil Sie mit dem ersten Entwurf nicht zufrieden sind, käme einer Neugründung des Unternehmens gleich.

Grundsätzlich ist bei der Wahl des Firmennamens zu unterscheiden, ob Sie ein Gewerbe anmelden oder als Freiberuflerin tätig sein werden. Dafür gibt es klare Regelungen. Sie finden die entsprechenden Informationsquellen bei den Beratungsstellen Ihrer zuständigen IHK oder dem Verband der Selbständigen und Freiberufler oder auch auf professionellen Seiten im Netz. Viele Dienstleisterinnen fallen in die Kategorie der Freiberufler, doch kommt es bei einigen Berufen auf die tatsächliche Tätigkeit an, je nach Ausrichtung und Schwerpunkt. Eine Fotografin mit eigenem Fotostudio braucht eine Gewerbeanmeldung, eine, die künstlerische Bilder auf Ausstellungen vorstellt und verkauft, wird als Freiberuflerin eingestuft. Wer beides macht, hat eine gemischte Tätigkeit. Das bedeutet, alle Aufträge in einem Gewerbe aufzunehmen oder beide Tätigkeiten steuerlich sauber voneinander zu trennen.

Die Grundlage sog. Freier Berufe ist in der Regel die besondere berufliche Qualifikation oder schöpferische Begabung, um persönliche, eigenverantwortliche und fachlich unabhängige Dienstleistungen zu erbringen.

Als freiberuflich gelten folgende Tätigkeiten:

*   künstlerische
*   wissenschaftliche
*   unterrichtende
*   erzieherische

und die sogenannten Katalogberufe wie

*   Rechtsanwälte
*   Steuerberater
*   Ãrzte
*   beratende Betriebswirte
*   beratende Ingenieure
*   beratende Volkswirte

Diese Liste der Freien Berufe ist jedoch nicht abschließend. Zusätzlich gibt es eine Reihe weiterer, neuer und ähnlicher Berufe wie beispielsweise Designer, EDV-Berater, Musiker oder Web-Designer, die auch den Status Freiberufler erhalten können. Kriterien, nach denen Sie als Freiberuflerin eingestuft werden können:

*   Sie haben einen akademischen Abschluss oder eine höhere Bildung.

- Der kreative Anteil Ihrer Arbeit ist sehr hoch.
- Sie haben hochwertige Zusatzausbildungen absolviert, die für die Arbeit notwendig sind.
- Sie arbeiten in Ihrem Unternehmen allein inhaltlich, während andere Mitarbeiter als Aushilfen oder „Zuarbeiter" tätig sind.
- Die Verdienstquelle besteht aus Wissen und Erfahrung auf hohem Niveau.
- Es besteht ein besonderes Vertrauensverhältnis zu den Kunden.
- Die Dienstleistung und der persönliche Einsatz stehen im Vordergrund.
- Die Bezahlung besteht aus Honoraren.
- Das Know-how der Tätigkeit hat das Niveau eines in den Katalogberufen genannten Akademikers.

Freiberufler haben folgende Vorteile:

- Sie brauchen keine Gewerbeanmeldung.
- Sie bezahlen keine Gewerbesteuer.
- Eine doppelte Buchführung ist nicht nötig. Eine Einnahme-Überschuss-Rechnung reicht aus.
- Sie sind nicht Zwangsmitglied in einer Industrie- und Handelskammer (IHK).
- Sie haben die Möglichkeit, mit anderen Freiberuflern eine Partnerschaftsgesellschaft zu gründen.

Fragen Sie im Zweifelsfall vor dem Start bei Ihrem zuständigen Finanzamt nach und holen Sie verbindliche Auskunft ein. Fallen Sie nicht in die Kategorie der Freiberufler, melden Sie ein Gewerbe an. Sie werden damit automatisch Mitglied bei der Industrie- und Handelskammer und müssen Gewerbesteuer abführen.

Für die Namensgebung Ihres Unternehmens spielt der Status eine Rolle. Wenn Sie ein Kleingewerbe ohne Eintrag im Handelsregister anmelden, muss der Unternehmensname Ihren kompletten persönlichen Namen enthalten, einschließlich des Vor- und Nachnamens. Sie können den Firmennamen allerdings ergänzen mit Ihrer Branchenbezeichnung, z.B. „Lieschen Müller Grafik Design".

Bei einem Kaufmännischen Gewerbe ist der Eintrag im Handelsregister vorgeschrieben. In diesem Fall allerdings sind Sie in der Wahl Ihres Firmennamens frei. Sie können Ihren Personennamen verwenden, einen Fantasiebegriff oder auch eine Kombination von beiden. Allerdings sind Sie verpflichtet, diesen um die Bezeichnung e.Kfr. (Einzelkauffrau), e.Kfm. (Einzelkaufmann) oder e.K. (geschlechtsneutral) zu ergänzen.

Für Freiberufler gelten dieselben Voraussetzungen wie für Kleingewerbetreibende, doch reicht in diesem Fall die Angabe Ihres Nachnamens. Verbinden Sie ihn mit einer Unternehmensbezeichnung, aus der klar hervorgeht, welche Leistung Sie anbieten. Wählen Sie aber diesen Zusatz nicht zu eng, damit Sie später eventuell weitere Angebote unter dem gleichen Dach unterbringen können.

Für alle gilt: Der Firmenname sollte so gewählt sein, dass er sich von dem anderer Unternehmen unterscheidet, die Ähnliches oder Gleiches wie Sie anbieten. Verzichten Sie lieber auf Fantasienamen und Abkürzungen. Der Name sollte einfach, kurz und einprägsam sein und so geschrieben, dass es im Internet keine Probleme gibt, wie z.B. mit Umlauten oder Unterstrichen. Haben Sie einen Namen für Ihr Unternehmen gefunden, schauen Sie bitte im Internet und in einschlägigen Verzeichnissen nach, z.B. im Telefonbuch oder in entsprechenden Datenbanken, ob es bereits eine Firma mit genau diesem Namen gibt. Ist dies der Fall, hilft nur, sich weiter auf die Suche zu machen nach einer passenden Bezeichnung. Tun Sie das nicht, müssen Sie mit einer kostspieligen Abmahnung rechnen und dennoch mit der Namenssuche wieder von vorne beginnen.

Sobald der Firmenname feststeht, schauen Sie, ob die dazu passende de-Domain frei ist. Dies erfahren Sie bei einem der Provider (Telefonanbieter wie Telekom oder bei STRA-TO, 1x1 usw.) oder aber über DENICeG, einer Genossenschaft, die sich um die Verwaltung der Top-Level-Domain. de kümmert. Eine Website brauchen heutzutage alle Selbständigen und nicht nur die, die ihren Kunden ausschließlich online etwas anbieten und verkaufen. Finden Sie keine passende de-Domain, können Sie auf eine andere Endung ausweichen, wie biz, com oder info. Wenn nichts passt, bleibt nur, sich anderen Firmennamen zu suchen.

Haben Sie passende Domain gefunden, dann registrieren Sie sie gleich, auch wenn es noch eine Weile dauert, bis Sie mit Ihrem Unternehmen starten. Nicht selten habe ich es erlebt, dass eine Jungunternehmerin zu lange damit wartete und dann, als sie endlich die Domain buchen wollte, erleben musste, dass die nun nicht mehr zu haben war. Sobald Sie die Domain gebucht haben, stehen Ihnen damit verbunden Emailadressen zu Verfügung, die Sie sofort verwenden dürfen. Das bedeutet, mit jeder Email, die Sie verschicken, machen Sie bereits Werbung für Ihr Geschäft. Wenn also der Domainname www.meinefirma.de ist, dann kann die Emailadresse z.B. lauten willkommen@meinefirma.de oder büro@meinefirma.de oder kontakt@meinefirma.de. Zu einem seriösem Unternehmensauftritt gehört eine offizielle Emailadresse. Wenn Sie eine Freemail (gmx.

de, web.de, t-online.de, googlemail.com) nutzen, weiß ein Interessent nicht, wo der Sitz Ihrer Firma ist, was bei einem lokalen Business aber dringend geboten ist. Nicht jeder Empfänger Ihrer Mail klickt auf den Domainnamen und möchte sich informieren..

Wenn aber doch, wäre es schlecht, wenn er dann auf einer Seite „Baustelle" landen oder „Hier entsteht eine neue Internetpräsenz" landen würde. Legen Sie deshalb auf jeden Fall gleich eine Begrüßungsseite mit folgenden Angaben an:

- Der Name des Unternehmens
- Ihr Name
- Ihr Angebot
- Adresse und Telefonnummer
- Geplanter Start

Was noch zu einer Website gehört, lesen Sie auf Seite 61.

Das Logo
Wir sind Augenmenschen und können bildliche Informationen sehr viel schneller aufnehmen als geschriebene Texte. Ihnen geht das sicher auch so. Denken Sie an den Bogen von Nike, die drei Streifen von Adidas, das Apfelsymbol von Apple oder aber auch das Blau von Nivea und das Magenta von Telekom. Ohne große Worte wissen wir sofort, um welche Firma es sich handelt. Ob Sie nun neu gründen wollen oder vorhaben, einen kleinen Familienbetrieb weiterzuführen, der bisher kein Logo hatte, es macht Sinn, nach einer passenden Bildmarke zu suchen und diese mit dem Firmennamen zu verbinden. Doch auf keinen Fall aber wählen Sie aber ein x-beliebiges Bildchen oder laden

gar eines aus dem Internet herunter. Das ist bei Strafe verboten. Machen Sie sich Gedanken, mit welcher visuellen Information sich der Name Ihres Unternehmens sinnvoll ergänzen ließe.

Als ich meine Firma „navigo-coaching" 1996 gründete, vergab ich den Auftrag, den Geschäftsauftritt zu entwickeln, also Logo, die Unternehmensfarben, das Briefpapier und die Visitenkarte, an eine Agentur. Ich hatte damals keine Ahnung, wie exakt solche Aufträge und Angebote abzustimmen sind, und freute mich über den akzeptablen Pauschalpreis, den ich dafür bezahlen sollte. In meiner Naivität erwartete ich, dass mir mindestens drei Entwürfe zur Auswahl vorgelegt werden würden. Ich bekam drei Entwürfe, doch leider handelte es sich um das jeweils gleiche Logo, das sich nur in den Türkistönen unterschied. Türkis als Farbe passte für mich gar nicht zu Coaching, für mich strahlt diese Farbe Sauberkeit und Frische aus, was in meinen Augen eher eine Zahnarztpraxis repräsentiert. Doch nicht nur das: Das Logo war eine Froschkönigkrone, verbunden mit dem Slogan „Heureka".

Coaching stand zum Zeitpunkt meiner Existenzgründung in Deutschland noch ganz am Anfang. Niemand wusste genau, wie ein Coach arbeitet, mit welchen Klienten und zu welchen Themen. Deshalb hatte ich der Grafikerin in einem ausführlichen Gespräch erläutert, dass es im Coaching darum geht, mit dem Klienten unterschiedliche Wege zur Lösung des Problems zu erarbeiten, sei es durch Fragen, Übungen und Interventionen. Doch das hatte offensichtlich nicht ausgereicht. „Heureka" bedeutet, „Ich hab's gefunden". Dieser Slogan drückt für mich nicht aus, wie die Zusammenarbeit mit Klienten im Coaching verläuft. Es ist ein Herantasten an die Lösung, sie entsteht nicht durch ein

Fingerschnippen. Auch würden die meisten dieses Wort nicht kennen. „Heureka" ist Griechisch, diese Sprache wird heute kaum noch an Schulen gelehrt. Was tun?

Auf langen Spaziergängen dachte ich über die Frage nach, in welcher Situation sich Klienten zu einem Coaching entschließen würden: Sie haben ein Problem und können es alleine nicht lösen. Sie stecken fest und hoffen, im Gespräch mit einer anderen Person, professionell ausgebildet, verschwiegen und nicht zur Firma gehörend, auf Ideen zu stoßen, mit Hilfe derer sie aus ihrer verzwickten Lage herausfinden. Sie fühlen sich wie in einem Labyrinth und ahnen, dass es irgendwo einen Ausweg gibt. Und so war plötzlich klar, welches Logo ich wollte: Ein Labyrinth, aus dem ein Pfeil herausführt, symbolisiert die Lage des Klienten und gleichzeitig seinen Wunsch, den Weg zu kennen. Ich zeichnete einen kleinen Entwurf, mischte mit Aquarellfarben die Unternehmenstöne, für die ich mich entschieden hatte, ein zartes Gelb und einen Rotton, und traf mich ein zweites Mal mit der Grafikerin. Anhand dieser Vorgaben zauberte sie ein Logo, das mir gefiel, und entwickelte die passenden Geschäftsunterlagen.

Zusammengefasst das Wichtigste zum Thema Logo:

•   Besprechen Sie mit der Agentur ganz genau, was Sie erwarten, und lassen sich erläutern, was Sie bekommen, wenn Sie den Auftrag vergeben.

•   Fragen Sie sich, welches Bild, welches Logo, am besten das repräsentiert, was Sie tun, und gehen Sie mit diesen Vorstellungen in das Gespräch mit denen, die Ihre Ideen umsetzen sollen.

- Wenn Sie sich nicht hundertprozentig mit Grafikprogrammen auskennen, sollten Sie die Entwicklung Ihres Logos immer Fachleuten überlassen. Ansonsten werden Sie viel Zeit damit zubringen und vermutlich am Ende doch ein schlechtes Ergebnis erzielen. Ein Logo ist die Visitenkarte Ihrer Firma. Ist es stümperhaft gemacht, strahlt es die unterschwellige Botschaft aus: „Ich weiß noch nicht, ob es mit meiner Firma klappt. Deshalb investiere ich lieber kein Geld". Und das wollen Sie doch nicht, oder?

- Kopieren Sie auf keinen Fall ein Bild aus dem Internet! Wenn Sie keine Rechte daran haben, werden Sie abgemahnt und es kommen hohe Strafen plus Anwaltskosten auf Sie zu.

- Lassen Sie sich Ihr Logo als Vektordatei geben, damit Sie es später in unterschiedlichen Größen verwenden können: Auf Ihrem Briefpapier und auf einer Rechnung ebenso wie in groß auf der Stellwand eines Messestandes.

- Speichern Sie Ihre Unternehmensfarben ab, als RGB oder CMYK, damit Sie in Zukunft immer die gleichen Töne verwenden können.

- Ein Logo darf nicht ausschließlich über die Farbe wirken, sondern muss schon als Bild die Aussage übermitteln. Wird es ausgedruckt, kopiert oder auf einem Stempel verwendet, erscheint es Schwarz-Weiß und wäre dann nicht mehr ausdruckstark sein.

- Ein Logo sollte nicht zu viele Details enthalten. Denn wenn Sie es in einem sehr kleinen Format verwenden wollen, wie z.B. für einen Stempel, würde nicht mehr erkennbar sein und nur noch einen schwarzen Fleck darstellen.

Der Slogan

Viele Unternehmen haben einen Slogan, einen leicht zu merkenden und einprägsamen Satz, den sie mit ihren Produkten verbinden und mit dem sie ihre Werbebotschaft kommunizieren: BMW - Freude am Fahren. Toyota - Nichts ist unmöglich. Haribo macht Kinder froh. Ritter Sport - Quadratisch - praktisch - gut. Sie merken anhand dieser Beispiele, wie schnell wir bei solchen Sätzen an die betreffende Firma denken. Ein Slogan bleibt im Ohr und im Gedächtnis, er ist mit dem Unternehmen verbunden. Oft bewerben Unternehmen mit ihrem Slogan kein konkretes Produkt, sondern Eigenschaften, Emotionen oder einen Lifestyle, was zum Kauf anregen soll.

„Brauche ich als Existenzgründerin einen Slogan?", werden Sie fragen. Nicht unbedingt, aber gut wäre es schon. Ein Slogan sorgt für einen besseren Wiedererkennungswert. Er hilft Ihnen, sich von der Konkurrenz zu unterscheiden. Und wenn der Slogan gut gewählt ist, ist er eine Botschaft an den Kunden, was er von Ihnen und Ihrem Geschäft erwarten kann.

Doch ein Slogan wirkt nicht nur im Marketing nach außen. Er ist auch Ihr innerer Kompass, weil er ausdrückt, was Ihnen wichtig ist, wie Sie arbeiten wollen. Das weckt natürlich Erwartungen bei Ihren Kunden. Angenommen, Sie haben den Slogan „Immer einen Schritt voraus", ist klar, dass Sie Ihr Wissen stets auf dem neuesten Stand halten werden und Ihren Kunden aktuelle Informationen liefern. Der Slogan „Flexibilität ist unsere Stärke" drückt aus, dass

Sie den Kunden keine vorgefertigten Konzepte präsentieren, sondern sich an deren Wünschen und Vorgaben orientieren und maßgeschneiderte Angebote erstellen.

Ein Slogan lässt sich nicht von heute auf morgen entwickeln. Verwenden Sie auf keinen Fall abgegriffene Sätze wie „Bei uns steht der Mensch im Mittelpunkt" oder „Bei uns ist der Kunde König". Es braucht Zeit, den richtigen und vor allem authentischen Satz zu finden. Fragen Sie sich, welches Ihr Markenkern ist. Wofür soll Ihr Unternehmen bekannt werden? Welchen Wert wollen Sie vermitteln? Wenn Ihnen ein passender Slogan nicht gleich zum Start Ihres Unternehmens einfällt, ist das kein Beinbruch. Manches entwickelt sich erst im Laufe der Zeit und im Kontakt und Gespräch mit den Kunden.Wenn Sie Ihren Slogan gefunden haben, verwenden Sie ihn immer und überall als festen Bestandteil Ihres Firmenauftritts. So erreichen Sie, dass Interessenten und Kunden Ihr Unternehmen wiedererkennen.

Telefonische Erreichbarkeit

Neben einer festen Emailadresse ist ein Festnetzanschluss ebenfalls ein Zeichen der Seriosität und Professionalität. Wenn Sie nur eine Handynummer angeben, weiß der Anrufer nicht, ob sich ihr Firmensitz in Flensburg oder Garmisch-Partenkirchen befindet. Leider ist eine Handynummer auch schnell gewechselt, eine Firma kann von heute auf morgen nicht mehr existieren, was nicht zum Vertrauensaufbau beiträgt. Der Vorteil eines Festnetzanschlusses ist außerdem, dass die Nummer im Telefonbuch zu finden ist. Auch wenn Sie das mit Ihrer privaten Nummer nicht möchten, für Ihr lokales Unternehmen ist das auf jeden Fall sinnvoll.

Es gibt Telefonanbieter, die eine Festnetznummer für das Handy bereitstellen. So ist Ihre Firma dennoch regional verortet und Sie sind zu Festnetztarifen erreichbar. Da sich die Angebote im Bereich Telekommunikation allerdings sehr schnell ändern und immer wieder neue Entwicklungen dazu kommen, möchte ich hier keinen Anbieter benennen. Machen Sie sich deshalb bitte selbst auf die Suche. Ein Anbieter stellt (Stand Herbst 2020) noch die Möglichkeit zur Verfügung, das Handy mit einer Home-Zone-Nummer zu verbinden. Hier kann der Kunde ein bis zu zwei Kilometer umfassendes Gebiet als Home-Zone festlegen, in der er auf seinem Handy unter einer Festnetznummer erreichbar ist und auch für abgehende Verbindungen vergünstigte Konditionen gelten. Wenn Sie von zu Hause aus arbeiten, ist ein Festnetztelefon allerdings doch besser. Denn bei einem DSL-Anschluss haben Sie die Möglichkeit, Ihrem Unternehmen und Ihrem Privatanschluss unterschiedliche Nummern zuzuweisen und die dazugehörenden Anrufbeantworter und Klingeltöne einrichten. Auch das ist ein Zeichen von Professionalität und Selbstorganisation.

Welche Varianten Sie wählen, entscheidet sich dadurch, wieviel Sie telefonieren, wie Sie erreichbar sein möchten und wo Sie arbeiten. Ein Preisvergleich lohnt auf jeden Fall.

Die Vorteile einer Festnetznummer
- Da sich der Unternehmensanschluss durch einen anderen Klingelton vom privaten Anschluss unterscheidet, ist gewährleistet, dass nur Sie als Chefin den Anruf annehmen und nicht eines Ihrer Kinder. Oder möchten Sie, dass Ihr Kind ins Telefon kräht: „Die Mama ist gerade auf dem Klo!"?

- Der Anrufbeantworter kann kundengerecht besprochen werden. Denn bevor ein Interessent eine Mail schreibt, greift er heute lieber schnell zum Telefon. Deshalb ist es wichtig, gut erreichbar zu sein. Das bedeutet nicht zwangsläufig, immer und überall angerufen werden zu können. Gerade wenn Sie im direkten Kundenkontakt arbeiten, braucht es feste Zeiten, in denen Sie erreichbar sind, und einen Anrufbeantworter, der es Ihnen ermöglicht, kein Telefonat zu verpassen und zuverlässig zurückzurufen. Sollten Sie feste Zeiten haben, in denen man Sie erreichen kann, kommunizieren Sie in Ihrer Bandansage.

- Sie haben Feierabend, weil Sie nur zu Ihren Arbeitszeiten Anrufe entgegennehmen. Das schützt Sie nicht nur, es ist auch ein Zeichen der Professionalität.

Eins noch: Das Handy verführt dazu, von überall aus zu telefonieren und Anrufe entgegenzunehmen. Das ist praktisch und vor allem dann der richtige Weg, wenn es um eine schnelle Rückmeldung oder um eine kurze Statusmeldung geht. Doch für Gespräche, die Ihre volle Aufmerksamkeit beanspruchen, verzichten Sie lieber darauf, von unterwegs zu telefonieren. Besonders im Auto ist das Multitasking gefährlich, oft lässt auch die Anschlussqualität zu wünschen übrig, im schlimmsten Fall fahren Sie in ein Funkloch und die Verbindung wird unterbrochen. Wenn Sie andernorts unterwegs sind, stören oft die Geräusche im Umfeld oder Sie belästigen andere. Dass Sie ungewollt Interna ausplaudern, die nicht für andere Ohren bestimmt sind, kommt noch hinzu. Davon abgesehen ist ein Telefonat, in dem Sie Ihrem Gesprächspartner Ihre ungestörte Aufmerksamkeit widmen, die beste Art der Wertschätzung.

Die Visitenkarte

Firmenname, Logo, Slogan, Telefonnummer, Website: Diese Informationen gehören auf die Visitenkarte. Wenn der Firmenname nicht alle Ihre Leistungen umfasst, ergänzen Sie Ihr Angebot noch mit einigen Begriffen in Form einer Liste mit Punkten oder Spiegelstrichen. Eine Visitenkarte muss aussagekräftig und ansprechend sein, denn sie ist oft das Erste, was ein Interessent von Ihrem Unternehmen zu sehen bekommt. Schauen Sie deshalb genau hin: Sind alle Informationen angeführt, die jemand braucht, der noch nichts von Ihnen weiß? Ist die Karte informativ? Spricht sie an? Welchen Eindruck machen Schriften und Farben?

Erst wenn Sie damit zufrieden sind, lassen Sie die Visitenkarten drucken. Gerade Jungunternehmerinnen (und auch Jungunternehmer) neigen dazu, euphorisch gleich zu Beginn, wenn noch nicht alle Entscheidungen getroffen sind, Visitenkarten zu erstellen, und merken danach, dass dies ein Fehler war. Doch das Geld ist ausgegeben, die Karten landen im Papierkorb. Oder aber Sie müssen, bevor Sie Ihre Visitenkarte einem Interessenten überreichen, noch schnell entsprechende Korrekturen einfügen, was einen sehr unorganisierten Eindruck macht.

- Verwenden Sie gutes Papier für Ihre Visitenkarte und geben so viel dafür so viel aus, dass auf der Rückseite nicht die Werbung des Druckerein plaziert wird. Es ist die Visitenkarte Ihres Unternehmens!

- Verwenden Sie keine Zeit darauf, Ihrer Karte eine originelle Form zu geben. Zum einen kostet das mehr, zum anderen wird der Empfänger dies nicht zu würdigen wissen und sie passend für sein Etui zuschneiden.

- Lassen Sie Ihre Visitenkarte von mehreren Menschen gegenlesen und auf Fehler prüfen. Wir lesen das, was wir lesen wollen, und merken nicht einmal, wenn unsere Telefonnummer einen Drehwurm hat oder wenn bei der Adresse der Website ein Unterstrich statt eines Bindestrichs steht.

- Lassen Sie sich nicht verführen, eine besonders große Menge an Visitenkarten zu drucken. Gerade in den Anfangszeiten ändert sich das Eine oder Andere noch, besonders, was die zusätzliche Beschreibung Ihrer Tätigkeit angeht. Vermutlich werden Sie deshalb einen großen Teil Ihrer Karten wegwerfen müssen. Damit haben Sie dann auch nichts gespart.

- Laminieren Sie die Karten nicht. Die meisten Menschen wollen sich auf der Rückseite Notizen machen, z.B. wo sie sich kennengelernt haben, welche Verbindung es zwischen Ihnen gibt. Auch deshalb sollte die Rückseite der Visitenkarte nicht bedruckt sein.

Ihre Firmenvisitenkarten ist fertig, Sie halten sie stolz in Händen. Jetzt heißt es, sie unter die Leute zu bringen. Tragen Sie sie stets bei sich, nicht nur, wenn Sie zu einem Kunden gehen, sondern ständig. Sie werden immer mal wieder auf jemanden treffen, der Interesse an Ihren Angeboten hat und der Ihre Karte haben möchte. Das kann bei einem Geburtstag bei Freunden sein oder auch, wenn Sie an einer Sitzung Ihres Vereins teilnehmen. Nicht immer allerdings wird derjenige, der Sie um Ihre Karte bittet, sie selbst nutzen, sondern er will sie jemandem weitergeben, von dem er gehört hat, dass dieser genau das Problem hat, für das Sie die richtige Ansprechpartnerin sind. Deshalb muss die Visitenkarte aussagekräftig sein. Denn auf

dem Weg von einem zum anderen gehen oft wichtige Details verloren. Das ist dann wie beim Spiel „Stille Post".
Geben Sie Ihre Visitenkarte großzügig aus und horten Sie sich nicht! Es ist ein längerfristiger Prozess des Säens. Sie wissen nie, auf welchem Weg ein Kunde Sie finden wird. Manchmal sind es Umwege.

Damit Ihre Visitenkarten in gutem Zustand bleiben, tragen Sie sie in einem Etui mit sich und bewahren sie nicht im Geldbeutel auf. Denn dort werden sie Schaden nehmen. Haben Sie schon einmal beobachtet, wenn jemand seine Visitenkarte aus dem Geldbeutel zieht? Die erste Karte hat Eselsohren, die zweite ist stark ergraut, die dritte ziert immer noch ein dunkler Rand. Nun gut, die vierte wäre einigermaßen in Ordnung. Das wirkt sehr unprofessionell. Wenn Sie Ihre Karten in einem Etui aufbewahren, zeigt das auch, wie wichtig Ihnen Ihr Unternehmen ist und dass Sie es mit dem Respekt behandeln, den Sie von anderen erwarten.

Eine Visitenkarte enthält die wichtigsten Informationen zu Ihrem Geschäft. Sie dient dazu, Interessenten zu einem ersten Schritt, der Kontaktaufnahme, zu ermuntern und dafür, dass man sich an Sie erinnert. Wollen Sie mehr darüber sagen, braucht es andere Unterlagen.

Flyer oder Mappe?
Ob ein Flyer oder eine Mappe das Richtige ist, hängt von Ihrem Unternehmen und Ihren Angeboten ab. Ein Flyer ist so angelegt, dass Sie ihn an viele Menschen austeilen können, weil er grundlegend informiert. Er sollte konkret, knapp und einprägsam sein.

Eine Mappe geben Sie Kunden, die bestimmte Lösungen suchen und für die Sie ein entsprechendes Angebot erstellen. In diesem Fall legen Sie für jede Ihrer Dienstleistungen eine eigene Seite an. Auf Anfrage eines Kunden oder auch nach einem ersten Gespräch füllen Sie die Mappe mit den passenden Texten und legen Ihre Visitenkarte bei. Um die Qualität Ihrer Arbeit überzeugend zu belegen, können Sie die Mappe mit Arbeitsproben ergänzen und, wenn Sie sie schon welche haben, eine Liste mit Referenzen. Noch besser sind Testimonials, also konkrete Aussagen zufriedener Kunden, die Ihnen erlaubt haben, sie im Wortlaut zu zitieren und dabei auch ihren Namen und eventuell ihre eigene Firma zu nennen. Wenn die Presse über Sie berichtet hat, gehören diese Artikel ebenfalls in die Mappe. Schließlich unterstreichen sie die Bedeutung Ihrer Firma und der Interessent weiß, dass er einen guten Griff macht, wenn er Ihnen den Auftrag übergibt.

Um einen Flyer zu entwerfen, suchen Sie Antworten auf W-Fragen. Sie sind der beste Weg, um herauszufinden, welche Inhalte Sie damit vermitteln wollen:

- Wen wollen Sie ansprechen?
- Wie können Sie auf sich aufmerksam machen?
- Was muss der Leser von Ihrem Angebot wissen?
- Welches Problem lösen Sie?
- Wo findet er weitere Informationen zu Ihrem Unternehmen?
- Was soll der Leser tun, nachdem er Ihren Flyer gelesen hat?
- Wie kann der potenzielle Kunde mit Ihnen in Kontakt treten?
- Wo wird der Interessent den Flyer finden?

Schreiben Sie alles auf, was Ihnen in den Sinn kommt, und kürzen Sie dann Ihre gesammelten Antworten. Bringen Sie

sie kurz und knackig auf den Punkt. Niemand will heute noch lange Texte lesen, sondern das Wichtigste schnell erfassen. Deshalb sind Listen wie die oben stehende besser als ein ausführlicher Fließtext. Dazu gehört auch, dass Sie mit einer Headline (einer Hauptüberschrift) und Zwischenüberschriften den Text gut lesbar gestalten. Achten Sie auch darauf, dass die Sprache Ihres Flyers der Zielgruppe entspricht, denn nur dann wird sich der Leser, die Leserin sich angesprochen fühlen. Wenn Ihr Flyer gut gemacht ist, entfacht er Neugier und animiert, ihn näher zu betrachten und ihn mitzunehmen.

Ihr Geschäftsname oder Ihr eigener gehören nicht zwingend auf das Deckblatt des Flyers. Dazu ist auf der Rückseite Platz. Denn warum wird man Ihren Flyer in die Hand nehmen, wenn der Name vorne steht? Vermutlich nur jemand, der Sie kennt. Doch andere würden zu Ihrem Flyer greifen, weil sie ein Problem oder ein Bedürfnis haben. „Endlich wieder gut schlafen", wenn Sie Matratzen anbieten oder einen Entspannungskurs. „So wird Ihr Garten pflegeleicht", wenn Sie Landschaftsgärtnerin sind. Ihren Lebenslauf wie in einer Bewerbung brauchen Sie ebenfalls nicht anzuführen. Wer sich selbständig macht, bringt die dafür notwendigen Qualifikationen mit, davon geht man aus. Es reicht, wenn Sie einige Punkte anführen, die Sie im Besonderen auszeichnen.

Zwei Fragen tauchen in meinen Seminaren und Vorträgen immer wieder auf, wenn es um die Texte in schriftlichen Unterlagen geht:

- Spreche ich von meiner Firma per „ich" oder „wir"?
- Spreche ich den Kunden mit „du" oder „Sie" an?

Zur ersten Frage: Für eine Existenzgründerin mag es verlockend erscheinen, das „wir" zu verwenden, wenn es um die eigene Firma geht. Doch wenn Sie tatsächlich allein gründen und Ihre Firma in der nächsten Zeit auch alleine führen werden, gaukeln Sie dem Leser etwas vor. Ich möchte einige Vorteile nennen, die von dem eben Genannten abgesehen für das „ich" sprechen:

- Wenn Sie ein Erstgespräch, eine Auftragsklärung, mit einem Kunden geführt haben, versichern Sie ihm dadurch, dass **Sie** diesen Auftrag ausführen. Er konnte sich von Ihrer Expertise überzeugen, hat Ihnen sein Anliegen erläutert, schenkt Ihnen sein Vertrauen.

- Eine kleine Firma kann Aufträge nur in einem bestimmten Umfang bearbeiten. Diese Information ist wichtig für Interessenten.

- Ein kleines Geschäft kann flexibler reagieren und eher maßgeschneiderte Lösungen anbieten als ein großes Unternehmen mit standardisierten Abläufen.

- Vielleicht hilft Ihnen diese Transparenz sogar, mit Ihren Kunden bessere Absprachen zu treffen, was Abschlagszahlungen und das Zahlungsziel für Ihre Rechnungen angeht.Gerade bei großen Firmen müssen Sie sonst oft lange auf Ihr Geld warten.

- In manchen Fällen ist man als Lieferant auch bereit, einer Existenzgründerin besondere Preise anzubieten. Fragen Sie nach!

Zur zweiten Frage: Die Kundenansprache in Ihren Drucksachen oder auf der Website ist abhängig davon, welche

Dienstleistung Sie anbieten, welche Kunden Sie haben, was diese von Ihnen erwarten und wie Sie mit ihnen im direkten Kontakt sprechen. Denn es wird ein Unterschied sein, ob Sie Ihre Kunden in Versicherungsangelegenheit beraten oder eine Yogastunde abhalten.

Haben Sie die Texte erstellt und sind damit zufrieden, dann lassen Sie sie unbedingt gegenlesen, am besten von mehreren Personen. Denn wenn Sie lange genug darüber gebrütet haben, werden Sie, ähnlich wie bei der Visitenkarte, lesen, was Sie lesen wollen. Unser Gehirn ist in der Lage, auch aus einem unsinnigen Satz den Sinn herauszulesen. Sie glauben das nicht? Dann lesen Sie doch mal diese Zeilen:

Gmäeß eneir Sutide eneir elgnihcesn Uvinisterät ist es ncht witihcg, in wlecehr Rneflogheie die Bstachuebn in eneim Wrot snid, das ezniige was wcthiig ist, ist, dass der estre und der leztte Bstabchue an der ritihcegn Pstoiion snid. Der Rset knan ein ttoaelr Bsinöldn sien, tedztorm knan man ihn onhe Pemoblre lseen. Das ist so, wiel wir nciht jeedn Bstachuebn enzelin leesn, snderon das Wrot als gseatems.

Die nächste Aufgabe ist, passende Bilder zu suchen, die die Kernaussagen Ihrer Botschaft unterstreichen. Wenn Sie keine eigenen Fotos zur Verfügung haben, stöbern Sie in Fotodatenbanken und suchen nach etwas Passendem. Dort gibt es für wenig Geld hochwertige, lizenzfreie Motive zum Download. Doch müssen Sie in diesem Fall damit rechnen, dass das Bild, das Sie ausgesucht haben, auch an anderer Stelle auftaucht. Sie haben kein alleiniges Verfügungsrecht, was sich bei dem niederen Preis, den Sie dafür bezahlen, auch versteht. Arbeiten Sie im persönlichen Kontakt mit Ihren Kunden, empfiehlt es sich, einen Termin bei einem guten Fotografen zu vereinbaren und sich dort in gutes Licht rücken zu lassen. Denn Ihre Ausstrahlung gibt den Ausschlag, ob Interessenten sich von Ihnen angesprochen fühlen und sich vorstellen können, mit Ihnen zusammenzuarbeiten. Private Fotos zu verwenden, ist selten eine gute Idee. Sie vermitteln meist nicht den Eindruck, den Kunden von Ihnen haben sollen: weder von der Kleidung, noch vom Hintergrund und Umfeld noch von der Qualität.

Für einen Flyer braucht es, da er gedruckt wird, Fotos in einer hohen Auflösung: 300 dpi (dots per inch), also „Punkte pro Zoll". Nur dann ist das Bild gestochen scharf. Da ein Flyer im Gegensatz zur Website oder einem Buch kein Impressum hat, ist die Angabe der Quelle der Fotos nicht nötig.

Es gibt verschiedene Formate, einen Flyer aufzubauen. Üblich ist der Wickelfalz, zwei- oder dreiseitig, mit bedruckter Vorder- und Rückseite. Diese Variation wird am häufigsten verwendet, sie geht damit aber oft auch in der Vielzahl von ausgelegten Flyern unter. Besser ist es deshalb, ein anderes Format, wie eine Karte im Hoch- oder Querformat oder auch die Zickzackversion, zu verwenden. Wieviel Platz Sie benötigen, wird vom Umfang Ihres Textes und der Gestaltung bestimmt.

Bei der Gestaltung gilt es noch, die Schriftart und -farbe zu wählen wie auch die des Papiers und die Haptik. Wie soll sich der Flyer anfühlen? Wird er einen hochwertigen Eindruck vermitteln oder eher den eines schnellen, günstigen Entwurfs? Der letzte Punkt steht in engem Zusammenhang mit Ihrer Zielgruppe und Ihren Preisen. Was erhofft sich ein Kunde, der einen hohen Preis für Ihre Dienstleistung bezahlen soll? Oder umgekehrt: Wird jemand, der wenig Geld ausgeben möchte oder kann, von der exklusiven Aufmachung abgeschreckt? Sie können mit einem selbstgestalteten, auf dem eigenen Drucker erstellten einfachen Flyer im üblichen Dreifach-Klappformat keine Kunden anziehen, die etwas Besonderes erwarten. Dazu passt nur ein Hochglanzprospekt im DIN-A4-Format und größer.

Wenn Sie die Schrift und Unternehmensfarben bereits festgelegt haben, ist das auch die Grundlage für den Flyer. Denn alles sollte zusammengehören, wiedererkennbar sein, übereinstimmen und wie aus einem Guss. Wenn Sie den Flyer selbst auszudrucken, kann die Farbe je nach Tinte variieren. Das spricht dafür, den Druck in einen Auftrag zu geben.

Verzichten Sie ähnlich wie bei der Visitenkarte darauf, eine hohe Auflage Ihres Flyers drucken zu lassen. Es ist natürlich verführerisch, angesichts der von der Menge abhängenden Preise, möglichst viele zu ordern. Doch nach meiner Erfahrung werden Sie einen Großteil wegwerfen, weil Inhalte sich geändert haben oder neue hinzugekommen sind. Sie möchten vielleicht sogar etwas anderes bewerben und haben dann im Keller kartonweise Prospekte, die Sie nicht mehr ausgeben wollen. Bei der Gestaltung des Flyers sind noch einige Dinge zu beachten:

- Achten Sie auf gleichmäßige Ränder, sowohl oben und unten, als auch an den Seiten. Sind diese nicht richtig angepasst, sieht der Text verschoben aus, was keinen guten Eindruck macht.

- Prüfen Sie, wo der Falz zu liegen kommt. Auf keinen Fall darf der Text über diesen hinausgehen, sondern muss rechtzeitig umgebrochen sein.

- Falten Sie den Flyer sorgsam und korrekt. Falls das schief geht, verzichten Sie auf ein Nachfalten und werfen Sie die fehlerhaften Exemplare weg.

- Lesen Sie Ihren Text genau durch und holen Sie sich Rückmeldung: Enthält er zu viele Informationen, gleicht der Flyer einer Bleiwüste und verwirrt den Leser, die Leserin?

- Versuchen Sie nicht, die Schrift zu verkleinern, um möglichst viel unterzubringen, sondern kürzen Sie auf das Notwendige.

- Gleichen Sie keinesfalls zu wenig Text mit Groß-schreibung oder hohem Zeilenabstand aus. Viel Lärm um nichts oder heiße Luft ist dann der Eindruck. Schärfen Sie in diesem Fall noch einmal Ihre Positionierung und finden die überzeugenden Argumente, über die Sie schreiben können.

Für den Flyer gilt wie für alles bei Ihrem Unternehmensauftritt: Nur wenn Sie wirklich gute Ergebnisse erzielen können, entwerfen Sie ihn selbst. Im anderen Fall holen Sie professionelle Hilfe.

Die Website
Auch wenn Sie Ihre Kunden nur im lokalen Umfeld ansprechen wollen, brauchen Sie eine Website. Kunden suchen die Adresse und die Öffnungszeiten eines Unternehmens im Netz, sie informieren sich, was eine Firma anbietet, wie

der Weg dorthin ist und wie man deren Kundendienst erreicht. Doch spätestens seit Corona fragen sich viele lokale Anbieter, ob sie nicht zusätzlich etwas online verkaufen können. Das sollte Sie anregen, sich darüber Gedanken zu machen. Vielleicht nicht im ersten Schritt, doch für die Zukunft mag es auf jeden Fall ein Thema sein.

In vielen Fällen hat die Website nicht nur die Funktion einer erweiterten Visitenkarte, sondern auch die eines Schaufensters. Der Besucher kann sich von der Qualität der Arbeit des Anbieters überzeugen, weil er Kostproben seines Könnens bekommt: Eine Fotogalerie mit selbstgebundenen Blumensträußen oder von handgefertigten Möbeln, ein Audio der letzten Komposition, den Videoausschnitt eines Vortrags oder eines Auftritts. Wenn Sie Websites für Kunden erstellen oder Texte schreiben, wird der Besucher Ihre Fähigkeiten schon beim Besuch Ihres eigenen Internetauftritts messen.

Heute ist es möglich, eine einfache Website selbst zu erstellen. Es gibt Systeme, aus denen Sie ohne Programmierkenntnisse das Layout, die Farben wählen und oft noch zusätzliche Features einbauen können. Manche der Angebote sind kostenlos, bei anderen wiederum fallen monatliche Kosten an. Bevor Sie sich für eine Version entscheiden, suchen Sie im Netz nach Vergleichen oder laden eine Testversion herunter. Wenn Sie Ahnung haben oder bereit sind, sich mit der Materie stärker auseinanderzusetzen, werden Sie die Website auch mit einem Baukastensystem individueller gestalten können.

Was bei der Gestaltung des Flyers gilt,sollten Sie auch hier beachten: Wenn Sie viel Zeit investieren müssen, um zu einem akzeptablen Ergebnis zu kommen, ist es besser, sich von einer Fachfrau, einem Fachmann helfen zu lassen.

Gehen Sie in der dadurch ersparten Zeit Ihren eigenen Geschäften nach und verdienen Sie auf diese Weise das Geld, um damit die zu bezahlen, die Ihre Seite professionell erstellen.

Ich selbst kenne mich am besten mit Wordpress aus, einem kostenlosen, freien Content-Management-System, das bei mehr als einem Drittel aller Websites eingesetzt wird. Entwickler auf der ganzen Welt arbeiten ständig daran, Wordpress zu aktualisieren und mit neuen Plug-Ins (zusätzliche kleine Programme) anzureichern. Auf dem deutschen Markt etabliert sich immer mehr Jimdo. Mit diesen Plug-Ins ist es möglich, zusätzlich eine Bildergalerie erstellen, Videos oder Audios einfügen oder ein Kontaktformular nutzen. Sie stiften so noch mehr Nutzen für die Besucher Ihrer Seite und machen sie außerdem fit für die Suchmaschinenoptimierung.

Ihre Website planen Sie am besten auf einem Blatt Papier. Welche Buttons soll sie haben? Nehmen Sie nicht zu viele, denn dadurch werden die Seitenbesucher verwirrt und abgelenkt. In der Regel genügen sechs oder sieben:

- Home/ Start
- Leistungen (eine Zusammenstellung, mit der Möglichkeit, für mehr Informationen weiter zu klicken)
- Über mich/ über uns
- Impressum
- Datenschutz
- Anfahrt
- Aktuelles wie Veranstaltungen, Termine

Reichen Ihnen diese Buttons nicht, können Sie auch das Impressum und den Datenschutz in die Fußzeile einfügen, damit das Ganze übersichtlich bleibt und Sie in der Leiste oben mehr Platz haben. Eine gute Seite ist übersichtlich und informativ. Wenn ein Besucher nicht nach spätestens drei Klicks gefunden hat, was er sucht, springt er wieder ab. Deshalb sollte auf der Startseite vor allem stehen:

- was Sie bieten
- wie man Sie erreichen kann
- welchen Nutzen Sie stiften, was also die Kunden davon haben
- wo sie weitere Informationen finden, die zu ihren Interessen passen

Ein Besucher möchte auf Ihrer **„Über-mich-Seite"** nicht die gesamte Lebensgeschichte oder den ausführlichen Lebenslauf lesen. Er möchte wissen, wer das Unternehmen führt und ob er Ihnen vertrauen kann. Eine gute Idee ist es, eine zweigliedrige Seite anzulegen. Im Profil schreiben Sie über Ihren Werdegang nur das, was es Ihnen ermöglicht, eine exzellente Leistung zu erbringen. Also Ausbildungen und Zusatzausbildungen, die Sie befähigen, den Kunden gut zu bedienen. Diese Einschränkung ist besonders wichtig, wenn Sie sich in einem Feld selbständig machen, das nicht Ihrem ursprünglichen Beruf entspricht. Erfolge anzuführen und Preise oder Auszeichnungen zu nennen, die Sie schon erhalten haben, passen ebenfalls dazu.

Unter dem Stichwort **Persönliches** erzählen Sie dem Besucher, der Besucherin etwas über Ihre Motivation, sich genau mit diesem Angebot selbständig zu machen. Dieser Text ist ein wichtiger Schritt, eine Beziehung zum Kunden aufzubauen. Denn Menschen kaufen bei Menschen. Sie wollen wissen, mit wem sie es zu tun haben und fühlen sich besonders von denen verstanden, wenn sie ihre Situation nachvollziehen können, weil sie sie aus eigener Erfahrung kennen. Dies gilt in besonderem Maße für Coachs unter Beraterinnen, aber auch für Gründerinnen im Gesundheitsbereich und der Lebensgestaltung.

Das **Impressum** ist ein wesentlicher Teil einer Website. Zu den Pflichtangaben gehören, vgl. Sie hierzu z.B. die Angaben auf www.e-recht24.de[2]:

- Seitenbetreiber/ Verantwortlicher
- E-Mail-Adresse
- Telefon-Nummer
- ggf. Fax-Nummer

Bei Unternehmen kommen dann weitere Pflichtangaben dazu:

- Die Rechtsform (GmbH, GbR ...)
- Wer vertritt das Unternehmen?
- Registereintrag, wenn vorhanden
- USt-ID, wenn schon vorhanden

Für bestimmte Bereiche oder Tätigkeiten gelten noch weitere Pflichtangaben:

- Berufsspezifische Angaben etwa für Anwälte, Steuerberater
- Angaben zur Haftpflichtversicherung oder berufsrechtlichen Normen
- Angabe und Verlinkung der Aufsichtsbehörde
- Ein Link auf die Streitschlichtungsplattform der EU

Die **Datenschutzerklärung** ist ein unverzichtbarer Teil des Internetauftritts. Was sie umfassen muss, richtet sich nach dem Zweck, den Sie mit Ihrer Seite verfolgen. Möchten Sie Ihre Firma lediglich präsentieren? Bieten Sie einen Newsletter an, werden Sie einen Shop integrieren oder die Seite mit den Sozialen Medien verknüpfen? Diese Aspekte sind in einer Datenschutzerklärung zu berücksichtigen. Es gibt im Netz Anwälte, die kostenlos eine Datenschutzerklärung erstellen. Für eine einfache Website reicht das in der Regel aus, doch für die Präsentation Ihres Unternehmens sollten Sie den Rat einer Fachperson einholen. Oder Sie beziehen eine bezahlte anwaltliche Datenschutzerklärung, die nach Ihren konkreten Angaben erstellt wird. Sie steht anschließend zum Download bereit und wird in der Bezahlversion ständig aktualisiert.

Da Sie sich über das Logo, die Unternehmensfarben und die Schriftarten schon klar geworden sind, ist hier keine neue Entscheidung mehr zu treffen. Sie werden diese der Wiedererkennung wegen auch auf der Website nutzen. Bei der Verwendung von Bildern gibt es etwas zu beachten: Für die Illustration eines Flyers brauchen Sie eine Bildauflösung von 300 dpi (dotch per inch), damit der Druck gestochen scharf ist. Für die Verwendung im Internet sind Bilder mit 72 dpi ausreichend.

Und noch eines ist wichtig: Während bei einem Flyer kein Hinweis auf die Bezugsquelle der verwendeten Bilder erforderlich ist, ist sie bei der Website unerlässlich. Sie hat im Gegensatz zum Flyer ein Impressum. In diesem Fall ist die Nennung der Quelle der Fotos Voraussetzung, das entspricht dem gedruckten Buch, das ebenfalls ein Impressum hat. Schreiben Sie zumindest an das Ende der jeweiligen Seite oder direkt unter das Foto, woher Sie die Fotos bezogen haben, oder nennen Sie die Quellen alle in einem Rutsch im Impressum. Es reicht übrigens nicht, nur die Fotodatenbank anzuführen, der Name des jeweiligen Fotografen gehört zwingend dazu.

Dass es zu einer kostenpflichtigen Abmahnung kommt, wenn man den Namen des Fotografen nicht nennt, weiß ich aus eigener Erfahrung. Meinem allerersten Blogartikel fügte ich ein Foto bei, das ich bei einer Datenbank gekauft hatte. Ich war mir sicher, dass es ausreicht, diese Bezugsquelle dazuzuschreiben, wie ich das auch in meinen Vortragsmanuskripten immer gemacht hatte. Doch eines Donnerstagsnachmittags erreichte mich per Mail das Schreiben eines Anwalts, er nannte einen Streitwert von 6000 Euro, zahlbar bis Dienstag die Woche drauf: Ich hätte nicht nur die Fotodatenbank, sondern auch den Namen des Fotografen anführen müssen, da zum Blog, wie bei der Website auch, ein Impressum gehört. Zum Glück konnte mich eine Freundin an einen Medienanwalt verweisen, der mir half, die Sache weitgehend abzuwenden. Doch Kosten kamen dennoch auf mich zu.

6. Gefunden werden

Es gibt viele Wege, Kunden auf ein Angebot aufmerksam zu machen. Einige grundsätzliche Kriterien sind bei der Wahl Ihrer Wege zu beachten, doch wird sich erst im Laufe der Zeit herauskristallisieren, welche Strategie für Sie am effektivsten und finanziell sinnvollsten ist. Die Anfangszeit eines Unternehmens ist eine Phase der Aussaat. Probieren Sie unterschiedliche Kanäle aus, um Ihr Angebot vorzustellen, und fragen Sie Kunden beim Erstkontakt immer danach, wie sie Sie gefunden haben. So erkennen Sie mehr und mehr, welches für Sie der beste Weg ist, gefunden zu werden.

Suchmaschinenoptimierung (SEO)

Eine Internetpräsenz ins Netz zu stellen, ist das Eine, doch muss sie auch Besucher anziehen. Der Traum jeder Unternehmerin, jedes Unternehmers ist, bei Google ganz weit vorne, möglichst auf Platz eins zu stehen. Denn selten klicken Besucher lange durch, um das Gewünschte zu finden. Sie sind in der Regel mit den ersten Suchergebnissen zufrieden und suchen nicht weiter. Suchmaschinenoptimierung, kurz SEO, ist das Werkzeug, die richtigen Stichworte auf der Website einzutragen der notwendige Schritt dazu.

Diese Stichworte sagen den Suchmaschinen, dass es diese Seite gibt und was dort zu finden ist. Wer das selbst machen möchte und nicht vom Fach ist, braucht Zeit, sich durch die (neuesten) Informationen durchzuarbeiten. Leichter, schneller und in der Regel effektiver geht es, wenn Sie Ihre Webdesignerin, Ihren Webdesigner damit beauftragen.

Anne Bremer[3] ist Spezialstin für dieses Thema. Sie hat dazu folgenden Beitrag verfasst:

„Google ist die wichtigste Suchmaschine in Deutschland. Um dort gut gefunden zu werden, ist es erforderlich, die bestmöglichen Inhalte für die Seitenbesucher zur Verfügung zu stellen. Der Seitenbesucher muss im Fokus der Website stehen, und alles, was Sie tun, muss auf den Nutzen für den Seitenbesucher abgestimmt sein. Hören Sie Ihren Kunden genau zu und beantworten Sie auf der Website die Fragen, die Ihre Kunden immer wieder stellen.

Eine Website muss stets aktuell sein und weiterentwickelt werden. Wenn Sie eine Website einmal erstellen und diese dann in einen Dornröschenschlaf versinkt, haben sie keine Chance, bei Google auf den vorderen Positionen in den Suchergebnissen angezeigt zu werden.

Es gibt weitere wichtige Faktoren, die Ihr Ranking bei Google und den anderen Suchmaschinen beeinflussen. Allem voran muss Ihre Website für Smartphones und Tablets optimiert sein. Mehr als die Hälfte der Suchanfragen, vor allem auf lokaler Ebene, werden heute über das Mobiltelefon gestellt. Dass die Website SSL-verschlüsselt ist und alle Kontaktdaten leicht zu finden sein sind, versteht sich von selbst. Auch die hohe Ladegeschwindigkeit der Website ist wichtig.

Suchmaschinenoptimierung ist Fleißarbeit, die schon bei der Erstellung der Website beginnen muss. Neben der Keywordrecherche, also der Suche nach den Begriffen, nach denen Ihre Kunden suchen, sind alle Maßnahmen wichtig, die Inhalt und Struktur der Website betreffen.

Das beginnt mit der URL (Seitenadresse), die kurz und sprechend sein und ein Keyword enthalten sollte. Seitentitel und Meta-Beschreibung, die in den Suchergebnissen angezeigt werden, sollten zum Klicken auf das Ergebnis animieren. Viele Internetnutzer überfliegen Webseiten nur, mit Absätzen, Zwischenüberschriften und Fettgedrucktem bieten Sie diesen Ankerpunkte für das Auge. Texte müssen verständlich und gut lesbar sein. Bandwurmsätze sowie Rechtschreib- und Grammatikfehler sind zu vermeiden.

Dass Ihre Texte einzigartig sein sollten, versteht sich von selbst. Versuchen Sie, alle Fragen, die Ihre Leser haben, zu beantworten. Ein Beispiel: Bei der Ankündigung einer Veranstaltung nennen Sie nicht nur Namen und Zeitpunkt der Veranstaltung, sondern beschreiben diese ausführlich, sagen, wo sie stattfindet, wo man parken kann, ob diese Eintritt kostet usw.

Verlinken Sie die Seiten Ihre Website untereinander. Wenn Sie im Blog über eines Ihrer Angebote schreiben, verlinken Sie auf die Angebotsseite. Dadurch bleiben Seitennutzer länger auf der Seite und Sie haben bessere Chancen, Ihre Angebote zu verkaufen. Nutzen Sie Bilder und optimieren Sie diese, denn die Google-Bildersuche wird immer wichtiger. Am besten geeignet sind eigene, qualitativ hochwertige Aufnahmen. Der Dateiname des Bildes sollte aussagekräftig sein und relevante Suchbegriffe enthalten. Wichtig sind auch das

ALT-Attribut, das das Bild beschreibt, und evtl. die Bildunterschrift. Aber nicht nur das, Bilder schaffen auch Stimmung, erläutern Sachverhalte oder zeigen Ihre Produkte. Informationen zum Thema Suchmaschinenoptimierung auch für Einsteiger finden Sie in Fachbüchern, im Internet, oder Sie machen einen Onlinekurs.

Die Website bekannt machen
Veröffentlichen Sie auf Ihrer Website regelmäßig Aktuelles, Blogbeiträge (kurz und lang), aktuelle Fotos, Informationen über neue Produkte, geben Sie Einblicke in Ihren Arbeitsalltag, Veranstaltungen, Referenzen und Bewertungen und teilen Sie diese Infos anschließend in den sozialen Medien. Wichtig: Verweisen Sie in den sozialen Netzwerken wie Facebook immer wieder auf Ihre Website.

Nutzen Sie soziale Netzwerke, um Ihr Unternehmen und Ihre Angebote bekannter zu machen. Beschränken Sie sich auf zwei, maximal drei Netzwerke, in denen Ihre Zielgruppe aktiv ist. Im Zentrum Ihrer Aktivitäten sollte aber immer Ihre Website stehen, denn Suchmaschinen sorgen für 300 % mehr Besucher als soziale Netzwerke.

Idealerweise bauen Sie einen Newsletterverteiler auf. Dazu eignet sich gut ein Freebie, also ein kostenloses Angebot, das für Ihre Leser einen hohen Mehrwert bietet, z. B. eine umfangreiche Checkliste zu einem Thema. Newsletter sollten Sie regelmäßig mindestens einmal im Monat versenden. Und Sie sollten auch Google My Business nutzen.

Google My Business
Google My Business ist ein kostenloses Angebot von Google zur Darstellung Ihres Unternehmens in der Google-Suche und auf Google Maps. Sie können es

sich wie einen Brancheneintrag oder einen Flyer vorstellen, in dem Sie oben rechts in der Google-Suche alles zeigen können, was für Ihre Zielgruppe wichtig ist. Ein gut gepflegter Google My Business-Eintrag mit vielen positiven Kundenbewertungen bietet einen echten Wettbewerbsvorteil, denn damit werden Sie bei Google besser gefunden. Wichtig ist, dass Sie das Profil vollständig ausfüllen, mit Anschrift, Öffnungszeiten, Firmenbeschreibung, Dienstleistungen/Angeboten und evtl. Produkten. Auf jeden Fall vorhanden sein sollten Fotos und aktuelle Beiträge.

Sprechen Sie Kunden gezielt an und sammeln Sie aktiv Bewertungen. Wenn Sie eine Bewertung erhalten, kommentieren Sie diese zeitnah. Vergessen Sie nicht, auch selber Bewertungen für Ihre Geschäftspartner zu schreiben. Ihren Google My Business-Eintrag können Sie selbst pflegen. Wichtig ist auch hier, dass Sie den Eintrag dauerhaft aktuell halten, mit aktuellen Fotos, Info über neue Produkte und Dienstleistungen, aktuellen Informationen und Angeboten. Es gibt Social Media Tools wie Buffer, Publer, Hootsuite usw. mit denen Sie aktuelle Informationen zeitsparend parallel bei u.a. Facebook, Instagram und Google My Business veröffentlichen können.

Eine Anleitung für die Pflege von Google My Business finden Sie im kostenlosen Webinar auf www.anne-bremer.de, oder nehmen Sie an meinem Onlinekurs zum Thema teil."
(Ende Beitrag Anne Bremer)

Über die Suchmaschinenoptimierung und Google My Business gibt es noch mehr, um umbekannt zu werden und Kunden anzuziehen.

Der Flyertausch

Je höher die Auflage ist, in der Sie Ihre Flyer bestellt haben, desto größer wird vermutlich die Versuchung sein, sie möglichst weiträumig zu verteilen. Doch das sollten Sie nicht tun. Viele teuer bezahlte Exemplare werden so ungelesen oder flüchtig überflogen im Papierkorb landen. Fragen Sie sich stattdessen, wo sich Ihre Wunschkunden aufhalten, und auch, welche andere Unternehmerin die gleiche Zielgruppe mit einem anderen Angebot anspricht. Dort dürfen Sie vielleicht Ihre Flyer auslegen oder gar einen Flyertausch vereinbaren.

- Sie bieten Hochzeitsfotografie an? Dann wären das Blumengeschäft oder die Anbieterin von Brautkleidermode der richtige Ort.
- Sie kreieren besonderen Schmuck? Dann ist die Modedesignerin sicher eine gute Adresse.
- Sie sind im Gesundheitsbereich tätig? Warum nicht in Reformhäusern und Bioläden fragen?
- Ihre Kundinnen sind Frauen, die Wert auf ihr Äußeres legen? Die gleiche Zielgruppe haben der Friseur, die Kosmetikerin und das Fitnessstudio.

Scheuen Sie sich nicht, dort nachzufragen. Wenn Sie kein Konkurrenzangebot haben, sondern einen zusätzlichen Nutzen für deren Kundinnen anbieten, dann ist das eine Win-Win-Verbindung.

Allianzen

Es muss nicht beim bloßen gegenseitigen Flyer-Auslegen bleiben. Wenn Sie von einer Geschäftspartnerin überzeugt sind und deren Leistungen gut finden und wenn sich Ihre Angebote ergänzen, dann schließen Sie eine Allianz. Sie bewerben sich gegenseitig aktiv und sprechen eine Empfehlung aus. Sie können sogar gemeinsame Aktionen planen und durchführen. Als Landschaftsgärtnerin arbeiten Sie so mit einer Gärtnerei zusammen, als Köchin mit einem Geschäft für besonderes Geschirr, als Massagetherapeutin mit der Verkäuferin von Heilölen. Zwei meiner Klientinnen, die eine entwarf Schmuck, die andere exklusive Damenkleidung, luden zu gemeinsamen Modeschauen ein.

Eine Allianz hat mehrere Vorteile: Zum einen haben Sie automatisch einen größeren Kreis an Interessenten und Interessentinnen, den Sie ansprechen können. Die Empfehlung der Geschäftspartnerin stärkt das Vertrauen potenzieller Kunden, was dazu führt, dass man sie beauftragt. Und nicht zuletzt finden Sie so eine Gesprächspartnerin und Begleiterin für Projekte, was von unschätzbarem Wert ist, denn als Unternehmerin sind Sie, zumindest am Anfang, in der Regel eher Einzelkämpferin.

Visitenkarten
Im Abschnitt Visitenkarten habe ich schon erwähnt, dass Sie diese immer mit sich tragen sollten, um sie auf Anfrage ausgeben zu können. Auf Anfrage. Denn es kommt nicht gut bei Gesprächspartnern an, wenn Sie schon in den ersten Minuten Ihre Visitenkarte überreichen mit dem durchdringenden Blick „Ich suche Aufträge". Dies erlebt man leider häufig bei einschlägigen Netzwerkveranstaltungen.

Videos
Mit Videos können Sie leicht Vertrauen aufbauen, die es Interessenten leichter machen, auf Sie zuzugehen. Dies ist besonders wichtig, wenn Sie in engem Kontakt mit Ihren Kunden arbeiten. Ein Video vermittelt einen sehr viel besseren Eindruck als das ein Text je vermag. Ein Video unterstützt Interessenten bei der Entscheidung, Ihre Kunden zu

werden. Sie mögen vielleicht zurückschrecken beim Gedanken, sich im Video zu zeigen, doch kann ich Ihnen aus eigener Erfahrung versichern, es ist eine Frage der Übung. Wenn ein Video nicht gut geworden ist, löschen Sie es einfach wieder. Perfektionismus ist hier aber fehl am Platz. Kleine Fehler, Versprecher, ein Stocken sind menschlich, das macht Sie nahbar und sympathisch.

Beatrice Madach ist Videoexpertin. Sie unterstützt Selbständige dabei, sich in Videos zu präsentieren und so für einen größeren Kreis an potentiellen Kunden sichtbar zu werden. In einem Videointerview erläuterte Beatrice Madach, wie aus einem eigenen Videodreh ein sehr gutes Video wird. Der Link zum Interview findet sich im Anhang[4.] .

Die wichtigsten Punkte sind hier zusammengefasst:

- Möglicherweise werden Sie davon abgehalten, Videos zu drehen, weil Sie befürchten, Sie könnten nicht verkaufen, wenn Sie Wissen kostenfrei weitergeben. Doch diese Sorge ist unberechtigt. Wer Ihr Video sieht, erkennt, dass Sie Expertin sind auf Ihrem Gebiet.

- Um die Scheu vor der Kamera abzulegen, sollten Sie sich nicht an den perfekten Videos anderer messen. Sich vor der Kamera zu präsentieren ist ein Lernprozess. Nehmen Sie mindestens fünf Videos an unterschiedlichen Tagen auf und vergleichen Sie, ob und wo Sie besser geworden sind.

- Wählen Sie ein klar umrissenes Thema, das können z.B. Fragen sein, auf die Menschen eine Antwort suchen, ein spezielles Thema, das Sie promoten wollen, ein Tipp aus Ihrer Arbeit. Für einen Videodreh gilt die klassische dreiteilige Struktur:

1. Einleitung:
Welche Frage will ich beantworten? Erst danach kommt die persönliche Vorstellung, kurz und knackig in Form des Elevator Pitchs. Damit sich der Name einprägt, ist eine Einblendung möglich.

2. Mittelteil:
Hier stellen Sie Wissen in strukturierter Form vor. Mögliche Gliederungspunkte können sein: Punkt eins bis fünf ... Tipps ... Fehler, die man nicht machen sollte ... eine gut erzählte Geschichte.

3. Der Call to Action
Er kommt zum Schluss. Wozu möchte ich die Zuseher mit diesem Video aufrufen? Like mein Video, schreib mir einen Kommentar, melde dich für meinen Newsletter an, hol dir mein Freebie! Kein Video ohne Call to Action!

- Für die Website sollte das Video nur ein bis zwei Minuten lang sein. Das gilt auch für Über-mich-Video.

- Arbeiten Sie immer mit Spickzettel! Den Blick auf den Spickzettel können Sie später aus dem Video schneiden.

- Für den Videodreh ist keine teure Technik nötig: Das Mittelklassemodell einer Handykamera reicht für hochwertige Videos aus. Sie brauchen ein Stativ, um ruhige Videos zu produzieren, und ein externes Mikrofon für den guten Ton.

- Nehmen Sie immer im Querformat auf! Dieses Format passt für die Website wie auch für Facebook, You Tube und auch Instagram.

- Wenn Sie im Selfie-Modus filmen, besteht die Gefahr, dass Sie nicht in die Kamera schauen, sondern mit Ihrem Kamerabild sprechen. Ein kleiner Aufkleber, ein Smiley, direkt neben die Kamera geklebt, lenkt den Blick in die richtige Richtung. Noch besser ist es, mit der Kamera aufzunehmen, die zum Fotografieren benutzt wird.

- Wählen Sie für das Video Kleidung und Makeup wie für den normalen Kundenkontakt.

- Wenn Sie ein regionales Geschäft führen, ist der Raum, in dem Sie Ihre Kunden empfangen, der richtige Ort für die Videoaufnahme. Sind Sie mit dem Hintergrund nicht zufrieden oder wollen Sie etwas kaschieren, schafft ein Backdrop Abhilfe, das ist eine Art Leinwand, die man dann hinter sich runterlassen kann.

- Die fertigen Videos laden Sie auf Ihrer Website hoch und machen Ihre Kunden im eigenen Newsletter darauf aufmerksam. Auf YouTube sollten Sie die Videos auf jeden Fall hochladen, denn YouTube ist eine machtvolle Suchmaschine. Menschen suchen dort nach Antworten auf ihre Fragen. Von YouTube aus können Sie auch einen Link auf Ihre eigene Website setzen. Je nach der Strategie, die Sie verfolgen, kommen die sozialen Netzwerke als Plattform für Ihre Videos ebenfalls in Frage. Bei YouTube können Sie automatisch Untertitel einblenden lassen. Das ist empfehlenswert, denn viele Besucher schauen sich ein Vido ohne Ton an, weil sie von anderen Menschen umgeben sind.

Pressemeldungen, Presseinterviews
Ist Ihre Geschäftsidee ungewöhnlich (schon deshalb lohnt es sich, die Positionierung zu schärfen), haben Sie Chancen, in die Presse zu kommen. Bei den örtlichen Medien reicht es, den zuständigen Redakteur anzurufen und nachzufragen. Er wird prüfen, ob Ihre Firma und das, was Sie anbieten, für die Leser seiner Zeitung von Interesse ist. Sollte das der Fall sein, wird er einen Artikel schreiben. Stellen Sie ihm schriftliche Informationen zu Ihrem Unternehmen zur Verfügung und bieten Sie Fotos dazu an. Im Gegensatz zu einer bezahlten Platzierung in den Medien haben Sie zwar keinen Einfluss auf das Erscheinungsdatum, doch bringt Ihnen ein Artikel auf jeden Fall mehr Aufmerksamkeit als dies eine teuer bezahlte Anzeige vermag, schließlich bekommt die Leserschaft auf diesem Weg sehr viel mehr Informationen.

Es gibt Presseportale, auf denen Sie kostenlos oder auch gegen eine Gebühr eigene Pressemitteilungen, z.B. einen Bericht über eine Problemlösung oder ein Text über ein neues, noch kaum diskutiertes Thema. Journalisten forschen hier nach für sie interessanten Themen. Keinen Sinn macht eine reine Unternehmensdarstellung, denn die wird in der Regel zumindest bei kleinen Unternehmen nicht gedruckt. Es wird als reine Werbung angesehen.

Blog schreiben
Statt Ihre Texte auf einem Presseportal einzustellen, ist auch ein eigener Blog, angegliedert an Ihre Website oder auch eigenständig, eine gute Plattform dafür. Sie liefern

damit nicht nur den Besuchern Ihres Webauftritts einen Mehrwert, es werden grundsätzlich mehr Menschen auf Ihre Seite aufmerksam, da die Artikel von Suchmaschinen erfasst und angezeigt werden. Ich hatte z.B. auf meinem Blog leben50plus.info einen Artikel geschrieben mit dem Titel „Wer bin ich, wenn ich nicht mehr arbeite?" Daraufhin kamen von zahlreichen, auch großen Medien Anfrage zu Interviews. Verbunden damit konnte ich auf diese Weise gleich auch Werbung für mein Ruhestandsbuch[5] machen.

Workshops

Besonders bei Dienstleistungen, die einen engen und persönlichen Kontakt voraussetzen, möchte ein potenzieller Kunde vorab prüfen, ob die Chemie stimmt und ob er sich eine Zusammenarbeit mit Ihnen vorstellen kann. In diesen Fällen ist ein kurzer, in der Regel kostenfreier Workshop richtig. Sie knüpfen so den Kontakt, geben eine Kostprobe Ihres Könnens und bieten dann ein Einstiegspaket an.

Autowerbung

Für ein lokales Unternehmen lohnt sich die Autowerbung, vor allem dann, wenn Sie viel unterwegs sind und Ihr Fahrzeug an unterschiedlichen Plätzen parken, ob in Ihrer Stadt oder in größerer Entfernung. Autowerbung ist nicht teuer und doch sehr wirksam. Ihr Logo plus die klare Botschaft, Ihre Kernkompetenz und Ihre Telefonnummer, das ist alles, was vor allem an den Seiten oder an der Heckscheibe platziert werden sollte. So wird die Werbung sowohl von Fußgängern als auch aus dem Auto heraus gesehen. Nicht immer allerdings ist Autowerbung ratsam. Denn keine Firma möchte sichtbar machen, dass Sie einen Mediator gebucht hat oder der Schädlingsbekämpfer im Haus ist.

Netzwerke

Ohne Netzwerk lässt sich kein Unternehmen aufbauen. Sie brauchen Kontakte. Die wiederum haben auch Kontakte. Stellen Sie sich vor, Sie haben ein Netzwerk, das acht Selbständige umfasst. Jeder dieser Acht hat 100 berufliche Kontakte. Kontakte, die Türen öffnen können, die Ihnen sonst verschlossen blieben. Sei es, weil Sie selbst Unterstützung, Hilfe oder Austausch suchen oder aber, um neue Kunden zu finden. Dann käme so doch eine große Zahl zusammen. Doch welches Netzwerk das Richtige ist? Die Größe ist nicht entscheidend, viel wichtiger ist, dass die Mitglieder ähnliche Ziele haben, dass sie schon dort sind, wo Sie hinwollen, oder über Kontakte verfügen, die Sie brauchen.

Netzwerken funktioniert nur, wenn alle bereit sind, etwas dafür zu tun. Es lebt vom Geben und Nehmen, wobei das Geben an erster Stelle steht, besonders, wenn Sie gerade in ein Netzwerk eintreten. Niemand sieht es gerne, wenn ein Neuling in die Gruppe kommt, sofort seine Visitenkarten verteilt und nur Kontakte und Informationen abgreifen will. Das Geben kann auf verschiedenen Ebenen stattfinden, es beschränkt sich nicht auf den beruflichen Bereich. Sie hören von jemandem, dass er eine Tauchtour plant? Dann weisen Sie ihn auf einen passenden Vortrag hin und auf einen Buchtitel. Eine andere sucht einen neuen Steuerberater und Sie sind mit Ihrem zufrieden? Dann geben Sie ihr den Tipp. Suchen Sie sich als Gründerin und Selbständige keine Netzwerke, die ausschließlich Frauen aufnehmen. Denn laut einer Untersuchung des Harvard Business Managers[6] werden dort die Erwartungen der weiblichen Mitglieder selten erfüllt. Vor allem die Weiterempfehlungsrate erreiche mit einem sogenannten Net Promoter Score von-3 (Skala: -100 bis 100) einen unterdurchschnittlich schlechten Wert. Mehr noch: Die Netzwerke seien sogar häufig nichts weiter als eine Karriere-Sackgasse. In Puncto aktivem Netzwerken und Weiterempfehlen haben wir Frauen offensichtlich noch etwas zu lernen.

Wenn es Ihnen schwer fällt, als Neue in einer Gruppe Kontakt aufzunehmen, dann lesen Sie dazu meine Tipps in den Blogartikeln „Netzwerkfähigkeit Nr. 1 - Auf andere zugehen können."[7] und „5 Fehler beim Aufbau eines Netzwerks".[8]

Messebeteiligung

Ein Messestand für sich alleine zu buchen ist kostspielig, doch wenn Sie sich mit anderen zusammentun, die die gleiche Zielgruppe ansprechen, ist das durchaus machbar und kann zum Erfolg führen. Bevor Sie eine Entscheidung treffen, legen Sie die Ziele fest, die Sie mit diesem Engagement verbinden. Und informieren Sie sich: Wer sind die Besucher der Messe? Warum kommen diese? Wer sind die anderen Aussteller? Eine Messe, in der Sie Tisch an Tisch mit Unternehmen stehen, die ein Ähnliches Angebot wie Sie haben, kann sehr frustrierend sein. Besondere Aufmerksamkeit hingegen ist Ihnen auf den Messen gewiss, auf denen Sie aus dem Rahmen fallen.

Mit meiner Firma Doktors Coach hätte ich auf einer Coaching- oder Seminarmesse einen Stand buchen können. Doch ich habe mich bei einer Medizinmesse angemeldet und stand dort zwischen Anbietern von Geräten und Instrumenten. Den Besuchern, alle Ärzte und Klinikpersonal, fiel mein Stand gerade deshalb auf. Sie kamen gerne zu mir, um zu von meinem Angeboten Patientenzufriedenheit und Mitarbeiterführung zu hören.

Tag der offenen Tür

Werden Sie Ihre Kunden im eigenen Büro empfangen, ist ein Tag der offenen Tür ein guter Einstieg. Sie laden Freunde und Bekannte, Ihren Vermieter, Lieferanten und eigene Dienstleister ein und öffnen Ihre Räume für Interessierte. Auf diese Weise machen Sie Ihre Räumlichkeiten bekannt, können ungezwungen mit den Gästen sprechen und bauen eventuell bestehende Hemmschwellen im Vorfeld ab.

8. Das Honorar

Ihre Preise dürfen nicht auf einer Schätzung beruhen, sie müssen das Ergebnis einer nüchternen Kalkulation sein. Wenn Sie hier Fehler machen, erleben Sie am Ende des Jahres eine böse Überraschung. Immer wieder habe ich erlebt, dass Gründerinnen, die bisher als Angestellte gearbeitet haben, eine einfache Rechnung aufstellen. Sie nehmen Ihr letztes Nettogehalt und teilen diese Zahl durch die Stunden, die Sie dafür gearbeitet haben. Doch das ergibt keinen realistischen Stundensatz für eine Unternehmerin. Denn vom Bruttogehalt als Angestellte, das ja um einiges höher liegt, sind die Beiträge zur Kranken- und Rentenversicherung wie auch die Steuer schon abgezogen. Bei Selbständigen fallen diese Beiträge ebenfalls an, sie sind also zum errechneten Stundensatz hinzuzurechnen. Und es kommen noch weitere zusätzliche Posten dazu. So müssen Sie z.B. für den Krankheitsfall vorsorgen und brauchen ein Polster für Zeiten der Auftragsflaute und für die Vorauszahlung der Steuer. Außerdem werden Sie die Stundenzahl, die Sie als Angestellte gearbeitet haben als Selbständige nie werden verkaufen können, auch nicht bei vollen Auftragsbüchern, denn Sie haben eine Reihe von Aufgaben zu erledigen, die Sie niemandem in Rechnung stellen können. Auch wenn Sie diese Posten nun alle bei Ihrer Berechnung berücksichtigen, fehlten wesentliche Überlegungen: Machen Sie nur den notwendigen Umsatz, um die Kosten zu decken, oder machen Sie Gewinn? Erwirtschaften Sie mehr als das, was

Sie monatlich benötigen? Können Sie sich von Ihrer Arbeit etwas leisten oder Rücklagen bilden, um wieder in die Firma zu investieren?

Noch etwas kann zur Fehleinschätzung des Honorars führen: Frauen, die soziale Dienstleistungen anbieten, aber nicht nur die, laufen Gefahr, zu wenig zu verlangen. Sie wollen Gutes tun, anderen helfen und haben eher die Zahlungsfähigkeit der Kunden im Blick, anstatt sich um die eigene finanzielle Situation zu kümmern. Hüten Sie sich also vor diesen Denkfehlern:

- Sie können nicht die gleiche Stundenzahl an Kunden verkaufen wie die, für die Sie als Angestellte gearbeitet haben. In Ihrer eigenen Firma fallen viele Aufgaben an, die Zeit kosten und kein Geld einbringen. Ihr Nettoeinkommen als Angestellte kann nie die Basis sein, um Ihren Stundensatz zu errechnen.

- Als Unternehmerin haben Sie höhere Ausgaben wie Versicherungen, Werbung, Bürobedarf und brauchen Rücklagen für Notfälle.

- Schauen Sie nicht in den Geldbeutel Ihres Kunden und entscheiden Sie nicht für ihn, ob er sich Ihr Angebot leisten kann. Arbeiten Sie heraus, welchen Nutzen der Kunde hat, wenn er bei Ihnen kauft, und lernen Sie, diesen Nutzen selbstbewusst zu vertreten.

In vier Schritten zum richtigen Preis
Monatliche Ausgaben
Bei manchen Posten werden Sie gerade zu Beginn noch nicht exakt sagen können, wie hoch die Ausgaben sein werden. Rechnen Sie lieber großzügig, so erleben Sie hinterher keine Überraschungen.

Miete	Euro
Personal	Euro
Geschäftsausstattung	Euro
Werbung	Euro
Auto	Euro
Versicherungen	
(Krankheit, Berufsunfähigkeit, Auto, Haftpflicht)	Euro
Altersvorsorge	Euro
Telekommunikation	Euro
Bürobedarf	Euro
Abschreibungen	Euro
Zinsen für Geschäftskredit	Euro
Sonstiges	Euro
Summe	Euro
Plus: Was brauchen Sie selbst zum Leben?	Euro

Das Umsatzziel

Wahrscheinlich haben Sie eine ungefähre Vorstellung davon, was Sie als Selbständige verdienen wollen. Angenommen, Sie möchten 2.000 Euro im Monat verdienen, was dem Nettogehalt aus Ihrem Angestelltendasein entspricht, also abzüglich Steuern, Kranken- und Rentenversicherung. Um Ihren Zielumsatz zu berechnen, addieren Sie diese Abzüge hinzu plus die Ausgaben, die Sie zusätzlich für Ihr Unternehmen haben werden. Um auf der sicheren Seite zu sein, nehmen Sie Ihr Nettogehalt mal zwei.

Ihr Wunsch-Nettoeinkommen = Euro 2.000
Ihr Zielumsatz pro Monat plus Ausgaben:
2.000 Euro x 2 = Euro 4.000
Ihr Zielumsatz pro Jahr:
4.000 Euro x 12 Monate

= Euro 48.000

Um Ihren Umsatz pro Woche auszurechnen, gehen Sie von 40 Wochen aus. Damit haben Sie Urlaubzeiten, Feiertage, den Krankheitsfall und Weiterbildung automatisch berücksichtigt. Und Sie schaffen sich gleichzeitig ein Polster für umsatzschwache Wochen.

Ihr Umsatz pro Woche:
Jahresumsatz geteilt durch 40 Wochen
Ihr Zielumsatz pro Woche =
Jahresumsatz geteilt durch 40 Wochen
Beispiel: 48.000 Euro geteilt durch 40 Wochen = 1.200 Euro

Wenn Sie die obige Ausgabenliste mit Ihren Zahlen ausgefüllt haben, dann rechnen Sie diese Summe zu Ihrem Wunsch-Nettogehalt hinzu, um Ihren Zielumsatz zu errechnen. Gründen Sie im Homeoffice, haben Sie keine Miete zu bezahlen und nutzen das Auto selten oder gar nicht für berufliche Zwecke. Das reduziert Ihre Ausgaben.

Doch da fehlt noch etwas. Mit Ihrem Gehalt als Angestellte bestreiten Sie alle notwendigen Ausgaben, doch wollen Sie sich auch persönlich etwas leisten können. Das muss in der Selbständigkeit auch gewährleistet sein. Denn warum sollten Sie sich so anstrengen, wenn unter dem Strich nichts übrig bleibt für kleine und große Wünsche? überweisen Sie sich deshalb immer einen festen Betrag als Gehalt von Ihrem Geschäftskonto auf das Privatkonto. Und wenn es nur ein Prozent ist.

Der Stundensatz
Wenn Sie in Vollzeit angestellt arbeiten, sind Sie in der Regel 35 - 40 Stunden für Ihre Firma tätig. Der Einfachheit

halber gehen wir von 40 Stunden aus. Wollen Sie im Nebenerwerb gründen, setzen Sie entsprechend weniger Zeit für Ihr eigenes Unternehmen an. Aber auch da gilt: Bleiben Sie realistisch. Angenommen, Sie arbeiten 20 Stunden als Angestellte, dann werden Sie nie weitere 20 Stunden in Ihre Selbständigkeit investieren bzw. verkaufen können. Denn wenn Sie von der Arbeitsstelle nach Hause kommen, lässt sich der Schalter nicht sofort umstellen, um Kunden zu bedienen. Sie brauchen eine erholsame Pause und Anlaufzeit. Haben Sie Kinder und müssen einen Haushalt führen, werden diese Aufgaben Sie zusätzlich Energie und Zeit kosten.

Trotz dieser Einschränkungen macht es durchaus Sinn, im Nebenerwerb zu gründen, denn Sie haben durch die Angestelltentätigkeit fixe monatliche Einnahmen, die Selbständigkeit kann langsam wachsen.

Gehen Sie davon aus, dass Sie 50 Prozent Ihrer zur Verfügung stehenden Stunden werden verkaufen können. 50 Prozent deshalb, weil Sie Fahrzeiten haben, auf Weiterbildung sind, neue Konzepte entwickeln, Ihre Steuerklärung machen, Kunden besuchen, Website und Flyer aktualisieren. Diese Stunden können Sie nirgends abrechnen. Auch wenn Sie glauben, Sie könnten eine höhere Stundenzahl verkaufen, rate ich Ihnen, zumindest am Anfang eher weniger als die 50 Prozent zur Grundlage Ihrer Berechnung zu nehmen. 30 Prozent in der Gründungsphase sind noch realistischer, vor allem, wenn Sie sich erst einen Kundenstamm aufbauen müssen und nicht auf Kunden zählen können, die Sie schon aus Ihrer Angestelltentätigkeit kennen.

Stundensatz =
Umsatz pro Woche geteilt durch verrechnete Stunden
Beispiel 1:
1.200 Euro geteilt durch 20 Stunden pro Woche = 60 Euro pro Stunde
Beispiel 2:
1.200 Euro geteilt durch 12 Stunden pro Woche = 100 Euro Stunde
Beispiel 3:
1.200 Euro geteilt durch 10 Stunden pro Woche = 120 Euro pro Stunde

Sie sehen, je weniger Stunden Sie an Kunden verkaufen können, desto höher muss Ihr Stundensatz sein, um den Zielumsatz zu erwirtschaften. Oder umgekehrt: Je höher der Stundensatz ist, den Sie in Rechnung stellen, desto weniger müssen Sie arbeiten - wenn Sie nicht Ihren Umsatz steigern wollen.

Ein höherer Verdienst ist erreichbar, wenn Sie mehr arbeiten oder Ihre Stundensätze erhöhen. Doch das ist in der Regel auch nur bis zu einem gewissen Grad möglich. Es sei denn, Sie schaffen es, Ihren Bekanntheitsgrad zu steigern und Ihre Expertise so zu kommunizieren, dass Kunden bereit sind, jeden Preis zu bezahlen, Hauptsache, sie werden von Ihnen persönlich bedient. Was Sie dann auch garantieren werden.

Diese Zahlen sind die Untergrenze für Ihre Preise und Preisverhandlungen. Setzen Sie diese zu nieder an oder lassen Sie sich herunterhandeln, sind Sie bereit, für weniger zu arbeiten, dann steuern Sie auf ein Minus zu. Ihr Gedanke sollte sein: „Diesen Preis kann ich mir nicht leisten." Laut aussprechen werden Sie ihn natürlich nicht.

Das Nettoeinkommen

Sie kennen jetzt Ihren Stundensatz und wissen, wie viele Stunden pro Woche Sie verrechnen können. Aus diesen Zahlen lässt sich die voraussichtliche Höhe Ihres Einkommens abschätzen.

Nehmen wir einen Stundensatz von 70 Euro an und gehen wir von 20 verrechenbaren Stunden pro Woche aus:

Wochenumsatz: 70 Euro x 20 Stunden = 1.400 Euro

Jahresumsatz: 1400 Euro x 40 Wochen = 56.000 Euro

Nettoeinkommen pro Jahr: 56.000 Euro

geteilt durch 2 = 28.000 Euro

Nettoeinkommen pro Monat: 28.000 Euro geteilt durch 12

Schauen Sie sich dazu auch das Video auf YouTube-Video an.[9]

4. Übung: Den Stundensatz berechnen

Nehmen Sie nun Ihre eigenen Zahlen als Grundlage und berechnen Ihre Auslagen, das Umsatzziel, das Nettoeinkommen und den notwendigen Stundensatz.

Den Preis verlangen

Auch wenn jetzt konkrete Zahlen vorliegen, wird es Ihnen vielleicht dennoch schwer fallen, den errechneten Preis vom Kunden zu verlangen. Damit sind Sie nicht allein. Nach meiner Erfahrung zweifeln viele Existenzgründerinnen an sich und ihrer Leistung. Sie sehen vor allem Hindernisse und nicht ihre Chancen, sich einen Markt zu erobern. Kommen Ihnen die folgenden Sätze bekannt vor?

- Das zahlt niemand.
- Wer will schon das kaufen, was ich zu bieten habe?
- Mehr kann ich nicht verlangen. Sonst bekomme ich den Auftrag nicht.

- Die anderen verlangen auch nicht mehr.
- Es gibt einfach zu viele, die das Gleiche anbieten wie ich.
- Ich steh doch ganz am Anfang.
- Vielleicht bin ich ja noch nicht so gut.
- Ich muss günstig anfangen, steigern kann ich später.

Wäre es da nicht besser und vor allem stärkender, diese Sätze umzuformulieren? Und stattdessen zu sagen:

- Meine Preise sind fair. Die Kunden bekommen einen optimalen Gegenwert.
- Ich weiß genau, was meine Leistung wert ist.
- Ich bin stolz auf meine Preise.
- Ich habe Fachkompetenz, Erfahrung, ich bin bekannt für ...
- Meine Kunden schätzen an mir vor allem...
- Mit meinem Angebot mache ich den Unterschied.
- Ich arbeite mit Kunden, die den Wert meiner Arbeit zu schätzen wissen.

Bei der Konkurrenz umschauen
Vergleichen Sie aber nicht allein die Preise, sondern das, was die Kunden dafür bekommen. Was unterscheidet Ihr Angebot von dem der Konkurrenz? Wenn es keinen Unterschied gibt, wird es Zeit, Ihre Positionierung zu überarbeiten, damit Sie diese Unterschiede kommunizieren können. Hören Sie sich um. Was kommt bei Kunden an, was nicht? Was bringen Sie über die Konkurrenz in Erfahrung?

Die Beschreibung des Nutzens verbessern
Prüfen Sie die Aussagen dazu auf Ihrer Webseite, auf dem Flyer und in Ihrer Angebotsbeschreibung. Lassen Sie Ihre

Kunden wissen, was sie bekommen. Benennen Sie Details, beschreiben Sie, wo sie nach der Zusammenarbeit mit Ihnen stehen, was sie haben, wie sie sich fühlen werden. Eine neue Website ist ein Produkt, doch wenn sie gut gemacht ist, zieht sie für den Auftraggeber neue Kunden an, er macht mehr Umsatz. Wenn Sie jemanden coachen und er dadurch eine lukrative Arbeitsstelle findet, was ist das dann wert? Nur die Stunden, die Sie mit ihm gearbeitet haben? Je besser Ihre Kunden nachvollziehen können, was sie bekommen, umso mehr werden sie mit Ihrem Preis einverstanden sein. Kommunizieren Sie deshalb die Transformation, die Sie für Ihren Kunden ermöglichen, und nicht die Stunden. Das ist der Mehrwert, den Sie stiften.

Sich des eigenen Wertes bewusst sein
Kennen Sie sich in bestimmten Branchen besonders gut aus? Haben Sie eine spezielle Weiterbildung gemacht, die Ihnen bei der Auftragsbearbeitung nutzt? Haben Sie Programme, Werkzeuge, Räume, Kooperationspartner, Netzwerke, mit denen Sie punkten können? Haben Sie ein Buch geschrieben? Halten Sie Vorträge, sind Sie eine gefragte Interviewpartnerin?

Den Preis überzeugend vortragen
Üben Sie Preisgespräche immer wieder. Suchen Sie sich jemanden, der Ihnen konstruktive Rückmeldung gibt und kritische Fragen stellt. Lernen Sie, Ihre Forderung selbstbewusst vorzutragen. Notieren Sie den Stundensatz bzw. Tagessatz, bevor Sie telefonieren, besonders, wenn er sich geändert hat. Zu schnell werden Sie sonst Ihre alte Honorare nennen. Je häufiger Sie einen Preis laut gesagt haben, desto leichter und selbstverständlicher wird er Ihnen über die Lippen gehen.

Sich im Verkaufen üben

Die Unsicherheit der Unternehmerin ist der Hauptgrund, wenn Preisverhandlungen scheitern. Es geht beim Verkauf nicht darum, einem Interessenten etwas auszuschwatzen, sondern darum, etwas dem Kunden anzubieten. Dieser entscheidet, ob er zugreifen will.

Preisdiskussionen vorbereiten

Überlegen Sie, wie Sie auf die Frage nach Preisnachlässen reagieren können, und bereiten Sie schon vor dem Kundengespräch Angebote vor, die im Umfang reduziert sind und nicht im Preis. Wenn Sie keine Alternativen haben und sich mit Ihren Preisen unsicher fühlen, sind Sie schnell bereit, bei Preisverhandlungen nachzugeben. Denken Sie auch an unterschiedliche Zahlungsmodelle, die dem Kunden die Entscheidung leichter machen.

Einen Unterschied machen

Für bestimmte Kundengruppen müssen die gleichen Preise gelten, doch wenn verschiedene Gruppen, Privatpersonen wie auch Unternehmen Ihre Geschäftspartner sind, dürfen Sie sehr wohl verschiedene Preise anbieten. Um die Preisspanne herauszufinden, in der sich Unternehmen bewegen, sprechen Sie mit Kollegen und Geschäftspartnern. Ich wurde anfangs von Fachleuten gewarnt, meinen Preis bei Unternehmen zu nieder anzusetzen „Sonst werden Sie von denen nicht ernst genommen!"

Lösungen anbieten

Menschen sind glücklich, wenn Sie ihnen etwas anbieten, was ihnen weiterhilft. Und sie entscheiden, ob ihnen Ihre Problemlösung den Preis wert ist. Es wird immer welche geben, denen Ihr Honorar zu hoch ist. Dann wenden Sie sich jenen zu, die Ihre Unterstützung zu schätzen wissen.

Sich motivieren

Zum einen wollen Sie eine Unternehmerin sein, die ihre Geschäfte erfolgreich und vor allem aber auch nachhaltig führt. Dazu gehört, dass Sie die erforderlichen Preise erwirtschaften. Zum anderen fragen Sie sich, was Sie mit dem verdienten Geld machen möchten. Wollen Sie sich mit einem Urlaub belohnen, einen neuen Computer anschaffen oder Ihrer Tochter die Reitferien finanzieren? Wichtig ist, dass Sie auch jenseits Ihres Geschäfts und seines Wachstums Gründe finden für das, was Sie tun.

Der Preis-Unsicherheit kostet Geld

Angenommen, Sie haben einen Stundensatz von 80 Euro errechnet, sind aber bereit, auch für 60 Euro zu arbeiten, weil Sie sich nicht trauen, mehr zu verlangen. Bei einem einzelnen Auftrag mag das nicht so ins Gewicht fallen (aber trotzdem wird es einen Unterschied machen!), doch wenn Sie immer nur zum niedrigen Stundensatz arbeiten, verschenken Sie ein Jahresplus von 16000 Euro. Sie glauben das nicht?

80 x 20 Wochenstunden x 40 Wochen = 64.000 Euro
60 x 20 Wochenstunden x 40 Wochen = 48.000 Euro

Wenn das kein Argument ist zu lernen, die eigene Arbeit positiv zu beschreiben und den damit verbundenen Nutzen herauszustellen!

Zeit gegen Geld und bessere Alternativen

Wenn Sie Ihre Zeit gegen Geld tauschen, Ihre Arbeit also stundenweise verrechnen, stoßen Sie schnell an Grenzen. Ihr Geschäft ist von Ihrer Arbeitskraft abhängig. Wenn Sie krank sind, können Sie nicht arbeiten und verdienen nichts. Auch im Urlaub kommt kein Geld rein. Doch haben Sie die Selbstständigkeit nicht auch deshalb gewählt, weil Sie frei sein wollten? Wenn Sie Ihre Zeit verkaufen, sind Sie nicht wirklich frei.

Die eigene Leistung durch ein Produkt ergänzen
Das kann ein eBook, ein Buch, eine Videoserie, eine CD, der Audiomitschnitt eines Vortrags sein. Auch digitale Workshops, Emailserien, ja sogar Mitgliedschaften eignen sich bestens dafür. Der größte Vorteil solcher Produkte ist, dass Sie Ihre Zeit nur in die Erstellung investieren, nicht aber in den Verkauf. Elektronische Produkte lassen sich mit einer geeigneten Shop-Software automatisch verkaufen und versenden oder über spezialisierte Plattformen wie z.B. digistore, elopage vermarkten. Und für physische Produkte, wie CDs oder Printprodukte, gibt es ebenfalls Dienstleister, die die Produkte in Ihrem Namen verschicken. Sie bewerben diese Angebote auf Ihrer Website, in den Sozialen Medien oder investieren in Anzeigen bei Google oder Facebook. Mit solchen Produkte können Sie laufend verdienen können, ohne weitere Zeit investieren zu müssen.

Die Arbeitsabläufe vereinfachen
Wenn Sie für Ihr Geschäft Konzepte entwickeln, Handouts, Arbeitsblätter und Power-Point-Präsentationen erstellen, kostet das viel Zeit. Nicht immer ist es möglich, diese Stunden (in vollem Umfang) dem Kunden in Rechnung zu stellen. Versuchen Sie deshalb, Ihre Konzepte im Ganzen oder in leicht abgewandelter Form immer wieder zu verkaufen. Schreiben Sie den Workflow auf, stellen Sie Checklisten zusammen. So erleichtern Sie sich die Arbeit, sparen Zeit und kommen schneller voran.

Mitarbeiter einstellen

Sobald Ihr Geschäft wächst und Sie merken, dass Sie überfordert sind mit Routinetätigkeiten und nicht mehr ausreichend Zeit haben für Ihre Kunden, ist der Punkt gekommen, Aufgaben zu delegieren und Mitarbeiter einzustellen. Ich habe es öfter erlebt, dass eine Unternehmerin sich auch nach Jahren noch um alles kümmerte, was zu tun war: Sie schrieb Kunden an und verschickte Angebote, sie brachte die Ablage auf den neuesten Stand, stand am Kopierer, erstellte Werbematerialien und musste telefonisch für ihre Kunden immer erreichbar sein. Ihre Aufgabe als Unternehmerin ist es, die Kunden zufriedenzustellen mit Ihrer Kernkompetenz, Ihrem Fachwissen und Ihrer Erfahrung. Natürlich ist es wichtig, dass das Büro funktioniert, doch das kann jemand übernehmen, der sich damit am besten auskennt. Wenn Sie sich um alles kümmern, spart das kein Geld. Im Gegenteil, Sie werfen es zum Fenster hinaus und schaffen für andere keinen Arbeitsplatz.

8. Der Verkauf vor dem Verkauf

Die meisten, und Sie vermutlich auch, denken beim Thema Verkauf an einen direkten Abschluss. Doch steht der am Ende eines längeren Prozesses. Der Verkauf beginnt damit, dass Sie Aufmerksamkeit erregen, dass ein Interessent Sie und Ihre Angebote wahrnimmt. Es ist die Aufgabe eines jeden Unternehmers, jeder Unternehmerin, eine Marke zu erschaffen, ein klares Profil mit Wiedererkennungswert, dieses herauszuarbeiten und zu kommunizieren. Eine Dienstleitung zu verkaufen bedeutet, die Wünsche des Kunden zu erforschen und in Einklang zu bringen mit den eigenen Möglichkeiten. Das, was Sie verkaufen, ist im Gegensatz zu einem Produkt unsichtbar. Erst wenn der Auftrag abgeschlossen ist, kann der Kunde feststellen, ob das, was er für sein Geld bekommen hat, seinen Wünschen und Vorstellungen entsprochen hat. Noch ein bisschen schwieriger ist es, wenn Sie Berater, Coach oder Therapeut sind, denn dann hängt das Ergebnis nicht allein von Ihren Fähigkeiten ab, es lässt sich nur in der Zusammenarbeit zwischen Ihnen und dem Kunden erreichen.

Vertrauen aufbauen
Wenn ein Interessent entscheidet, Sie zu buchen, gibt er Ihnen einen Vertrauensvorschuss, dem Sie schon in Ihrem Auftreten, in Ihrer Kommunikation gerecht werden müssen und nicht erst bei Abschluss des Auftrags. Der Kunde

wählt Sie auf der Grundlage dessen, was er über Ihre Firma sieht und hört und was er mit Ihnen als Unternehmerin erlebt. Sollten Sie das Kapitel über das Image des Unternehmens übersprungen haben, holen Sie das bitte jetzt unbedingt nach.

Als Gründerin haben Sie vermutlich wenig Erfahrung mit dem Verkauf. Sie hoffen zwar, dass ein Interessent schon beim ersten Kontakt ja sagt, und sind enttäuscht, wenn das nicht der Fall ist. Doch Verkaufen ist selten ein einmaliger Akt, es ist ein Prozess. So wie Sie auch im Privaten einem Menschen sicher nicht schon in küzester Zeit vertrauen, sondern sich dieses Vertrauen zwischen ihnen erst entwickeln muss, so ist das auch im Geschäftsleben. Je öfter Sie miteinander in gutem Kontakt sind, desto höher die Wahrscheinlichkeit, dass der Interessent Ihr Kunde wird. Nur wer genau weiß, was Sie anbieten, wird bei Ihnen kaufen. Ihre vorrangige Aufgabe ist es also, kurz und knapp auf den Punkt zu bringen, wofür Sie stehen.

Nach meiner Erfahrung neigen gerade Gründerinnen (und auch Gründer) dazu, auf die Frage „Was machen Sie beruflich?" langatmig und ausführlich zu erzählen: Warum sie sich selbständig gemacht haben, welche fachlichen Grundlagen sie in ihr Unternehmen einbringen, warum sie sich entschieden haben, gerade diese oder jene Dienstleistung in ihr Portfolio aufzunehmen und warum andere nicht. Mit einer solchen Litanei werden Sie garantiert jeden abschrecken. Ihre Freunde, weil sie es so ausführlich nicht wissen wollen oder gar schon kennen, potenzielle Kunden, weil sie sich für diese Informationen gar nicht interessieren. Und beide Gruppen werden Sie nicht buchen und nicht empfehlen, weil sie gar nicht wüssten, wofür. Arbeiten Sie also die wichtigsten Fakten heraus, damit Ihr

Gegenüber Klarheit hat. Dafür eignet sich die Übung des Elevator Pitch sehr gut. Elevator Pitch meint, dass Sie in drei Sätzen sagen, was Ihr Angebot ist. Die Bezeichnung Elevator Pitch greift ein Bild auf: Sie steigen im Erdgeschoß in einen Fahrstuhl, kommen dort mit einer Person zusammen, die Ihnen genau diese Frage stellt: „Was machen Sie beruflich?" Für Ihre Antwort haben Sie nur Zeit bis zum dritten Stock, denn dort verlässt Ihr Gesprächspartner den Fahrstuhl.

5. Übung: Ihr Elevator Pitch

Wie Sie Ihren Elevator Pitch finden? Schreiben Sie zuerst alles auf, was Ihnen einfällt und präzisieren dann:

- Mit welchen Kunden arbeiten Sie?
- Was sind deren Herausforderungen und Probleme?
- Wobei helfen Sie ihnen?
- Wie lösen Sie deren Problem?
- Wie ist ihre Situation, nachdem sie mit Ihnen gearbeitet haben?

Fragen Sie sich, was ein Interessent schon im ersten Gespräch wissen muss und für welche Informationen auch später noch Zeit ist. Streichen Sie alle Details, die im Elevator Pitch keinen Platz haben. Reden Sie nicht darüber, wie Sie arbeiten, mit welchen Methoden, sondern gehen Sie lediglich in die Perspektive Ihres zukünftigen Kunden und sprechen Sie über sein Problem und die Lösung. Ein Elevator Pitch ist nicht in einem Zug entwickelt. Er braucht Zeit. Gehen Sie Ihre Notizen immer wieder durch, finden Sie prägnantere Worte, kürzen Sie. Holen Sie sich Rückmeldung von anderen, denn spannenderweise vergisst man selbst etwas für den Kunden Ausschlaggebendes zu erwähnen, weil es für die Unternehmerin selbstständiglich ist. Ich erinnere mich noch gut an einen Klienten, der einen Gebäudereinigungsservice gründen wollte und bei seiner Vorstellung vollkommen vergessen hatte zu sagen, dass er ausschließlich umweltverträgliche Reinigungsmittel verwendet. Für manchen Kunden könnte das aber das Argument sein, ihm den Auftrag zu erteilen.

Wenn Ihr Elevator Pitch steht, üben Sie diese drei Sätze ein, damit sie sie im Schlaf sagen könnten. Ob Ihr Elevator Pitch gut ist, erkennen Sie daran, wenn Ihr Gesprächspartner mehr wissen will, wenn Nachfragen kommen. Dann haben Sie sein Interesse geweckt.

Vertrauen entsteht also durch mehrfachen und regelmäßigen Kontakt. Hüllen Sie sich deshalb nach einem Erstgespräch nicht in Schweigen und gehen Sie auch nicht davon aus, Ihr Gesprächspartner habe keinen Bedarf, nur weil er noch keinen Auftrag erteilt hat. Wenn Sie nicht darauf warten, dass er sich von sich aus wieder meldet, verschenken Sie mögliche Chancen. Natürlich möchte ich Ihnen nicht dazu raten, ein unverändertes zweites Verkaufsgespräch anzuberaumen, sondern stattdessen nach Möglichkeiten zu suchen, wie Sie Ihrem potentiellen Kunden einen Mehrwert bieten können und dies zum Anlass zu nehmen, sich wieder zu melden:

- zu einem kleinen Workshop, einem Vortrag einladen
- eine Checkliste erstellen als erste Hilfe
- einen Newsletter versenden
- eine Kostprobe Ihres Könnens anbieten
- den Presseartikel über sich und Ihre Firma verschicken
- auf ein neues Angebot aufmerksam machen
- Bescheid sagen, wenn Ihre Website erstellt ist

- Ihren Flyer vorstellen
- zur Besichtigung Ihrer Räume einladen

Suchen Sie sich aus, was Ihnen passend erscheint und für Sie machbar ist und pflegen Sie Ihre Kunden- und Interessenbeziehungen regelmäßig. Es ist aufwendiger, immer wieder neue Kontakte zu knüpfen und für eigene Angebote zu begeistern als Menschen zu einem Verkauf zu führen, die schon öfter von Ihnen gehört haben.

Die Einstellung macht den Unterschied

Haben Sie den ersten Kontakt zu einem Interessenten hergestellt, gilt es, eine längerfristige Beziehung zu ihm aufzubauen. Ob Ihnen das gelingt, wird mit von Ihrem Auftreten bestimmt und davon, wie Sie kommunizieren. Die Kommunikation wiederum wird beeinflusst von Ihrer Einstellung zu anderen Menschen.

Ihr Einstellung zu sich selbst

Wie denken Sie über sich? Sehen Sie sich als Unternehmerin oder fühlen Sie sich klein dem Kunden gegenüber? Kommunizieren Sie auf Augenhöhe oder gehen Sie zu ihm wie eine Bittstellerin? Haben Sie sich das Fachwissen angeeignet, um Kunden zufriedenzustellen? Wenn hier ein Rest von Zweifel bleibt, gilt es, diesen zuerst zu beseitigen. Denn Zweifel nagen an Ihrer Stärke. Vielleicht machen Sie den Fehler, den ich bei Gründerinnen oft sehe. Sie fühlen sich nie gerüstet, um mit ihrem Angebot nach außen zu gehen. Sie absolvieren eine Fortbildung nach der anderen und reden sich ein, dass sie das alles noch brauchen, bevor sie starten. Das ist falsch. Denn oft eignen sie sich Wissen an, das sie dann aber nie werden verkaufen können, weil niemand danach fragt. Deshalb beginnen Sie mit dem, was Sie wirklich beherrschen. Holen Sie sich Feedback von Ihren Kunden, stecken Sie die Nase in den Wind, um herauszufinden, wo neue Bedürfnisse entstehen, auf die Sie eine Antwort haben. So können Sie nach und nach Ihr Angebot erweitern. Ohne Zweifel und mit großer Stärke.

Die Einstellung zum Verkauf
Ich kenne viele Gründerinnen, denen das Verkaufen sehr schwer fällt. Sie befürchten, aufdringlich zu sein, sie wollen niemandem etwas aufschwatzen. Sie hoffen, von Kunden gefunden zu werden, anstatt selbst aktiv auf sie zuzugehen. Ein Verkaufsgespräch verlangt ihnen viel Mut ab. Deshalb schreiben sie lieber im stillen Kämmerlein Texte für ihre Website, erstellen Konzepte und entwickeln Strategien. Doch den Schritt hinaus in die reale Welt, mit dem sie testen können, ob ihre Geschäftsidee tragfähig ist, machen sie nicht. Solche Gründerinnen sind Planungsriesen und Handlungszwerge. Finden Sie sich in dieser Beschreibung wieder? Dann führen Sie sich folgendes vor Augen:

Angenommen, Sie hätten ein Problem und Ihre Freundin wüsste, wie Sie es lösen könnten. Sie sagt aber nichts und lässt Sie mit Ihren Schwierigkeiten alleine. Wie fänden Sie das? Würden Sie das nicht als eine Art unterlassener Hilfeleistung sehen? Diese Situation ist vergleichbar mit dem Kontakt zu einem Interessenten, den Sie im Regen stehen lassen, indem Sie nicht sagen, was Sie anzubieten haben, obwohl Sie ihm helfen könnten. Die folgenden Überlegungen werden Ihnen helfen, eine geeignetere Einstellung zum Verkauf zu finden:

• Meine Interessenten haben ein Bedürfnis oder ein Problem.
• Ich habe die Lösung für sein Problem und biete sie an.

- Meine Aufgabe ist nicht nur, über mein Angebot zu sprechen und sondern auch aufzeigen, welchen Nutzen es für potenzielle Kunden und Interessenten hat.
- Ich bin dabei ehrlich, authentisch und zugewandt.
- Mir liegt daran, eine langfristige Beziehung zum Kunden aufzubauen.
- Es liegt am Kunden, ob er mein Angebot annimmt oder nicht.

Verkaufen ist zunächst nur ein Gespräch. Sie unterhalten sich mit einem Interessenten, erzählen, was Sie machen, fragen nach seinen Problemen und dem, was er schon getan hat, um das Problems zu beseitigen, und erst dann bieten Sie Ihre Lösung an. Nicht jeder wird Ihr Kunde werden. Ein Nein hat viele Gründe und die müssen nicht unbedingt bei Ihnen liegen. Das sollten Sie sich klar machen. Auf der anderen Seite wird es Gesprächspartner geben, die genau das wollen, was Sie haben.

Die Einstellung zum Kunden

Auch davon wird Ihre Wirkung, Ihre Ausstrahlung beeinflusst. Wie sehen Sie den Kunden, die Kundin als Menschen? Wenn Ihr Auftraggeber eine Firma ist, wie sehen deren Mitarbeiter? Alles, was Sie im Gespräch denken, kommt zum Ausdruck, in Ihrer Stimme, in der Körpersprache und manches Mal sogar unbewusst auch in Ihren Worten. Sie verhalten sich anders, wenn Sie Ihren Gesprächspartner als sympathischen Menschen, als angenehmen Verhandlungspartner empfinden oder nicht. Eine positive Haltung zum Kunden ist unabdingbar für den Verkauf. Menschen fühlen sich von positiven Menschen angezogen. Es gibt vier grundsätzliche Haltungen einem anderen Menschen gegenüber:

Die Erste: **„Ich bin ok und du bist nicht ok."** Wenn Sie mit einem solchen Gedanken in ein Gespräch gehen, sind Sie überheblich. Sie behandeln den anderen von oben herab, wirken arrogant und sind ungeduldig. Sie lassen Ihren Gesprächspartner nicht ausreden, weil Sie denken, sowieso schon zu wissen, was er sagen will. Sie fragen nicht nach seinen Wünschen und Bedürfnissen, sondern gehen sofort dazu über, anzupreisen, was er Ihnen abkaufen soll. Auch wenn Ihnen bewusst ist, dass Ihr Gesprächspartner nicht vom Fach ist, verwenden Sie Fachbegriffe, ohne sie zu erläutern. Ihre eigene Selbstdarstellung ist Ihnen wichtiger als die Beziehung zum Kunden.

Wenn Sie im Gegenzug die Haltung haben: **„Ich bin nicht ok, du bist ok.",** machen Sie sich klein, stellen Ihr Licht unter den Scheffel. So können Sie sich nicht wirklich präsentieren, sondern stellen sich immer die Frage, wie wohl ankommt, was Sie sagen und wie Sie wirken. Es fällt Ihnen schwer Verhandlungsbedingungen, die Sie einschränken, zu modifizieren und nehmen alles an, was Ihr Gesprächspartner verlangt. Leider werden Sie so zum Spielball Ihrer Kunden: Sie lassen sich mit Änderungswünschen überhäufen, akzeptieren unklare Aussagen, was sich in unklaren Absprachen niederschlägt. Aufträge erhalten Sie mit einem sehr knappen Zeitfenster, was Ihren eigenen Plan komplett durcheinander bringt.

Ihr Geschäft wird nachhaltig leiden. Aus dieser Spirale kommen Sie nur heraus, wenn Sie sich den Nutzen Ihres Angebots vor Augen führen, sich an Dinge erinnern, die Ihnen gelungen sind, und das Feedback zufriedener Kunden wieder ins Gedächtnis rufen. Und den Mut haben, solche Geschäftsbeziehungen gar nicht erst anzunehmen oder zumindest schnell wieder zu beenden.

Am Schlimmsten wäre die Haltung: **„Ich bin nicht ok und du bist auch nicht ok.**" In diesem Fall sitzen Sie beide, Ihr Kunde und Sie, im gleichen Boot. Sie schaukeln sich gegenseitig auf, sind zynisch, pessimistisch und einig im Jammern. Sie sprechen nur noch über die Probleme und halten alle Menschen für schlecht. Diese negative Haltung ist keine Basis für eine Geschäftsbeziehung. Darauf lässt sich nichts aufbauen. Bleiben Sie aufmerksam und trennen Sie sich rechtzeitig von solchen Kunden, bevor sie auch Sie anstecken mit ihrer niederdrückenden Sichtweise. Verschenken hier keine Zeit, sondern wenden Sie sich denen zu, die bereit sind, Ihre Angebote kennenzulernen und dann auch zu kaufen. Sollten Sie selbst in diese Haltung hineingeschliddert sein, dann treten Sie einen Schritt zurück: Was war Ihre Motivation, sich selbständig zu machen? In welcher Stimmung waren Sie damals? Welche Ereignisse, welche Situationen haben jetzt zu diesem Stimmungsumschwung geführt? Was lernen Sie daraus? Was können Sie ändern, um wieder neuen Schwung zu bekommen?

Sie merken schon, die einzig richtige Haltung für ein gutes Gespräch ist die Haltung: **„Ich bin ok und du bist auch ok."** In diesem Fall wahren Sie die eigenen Grenzen und respektieren die des anderen ebenso. Sie vertrauen sich gegenseitig und bringen einander Wertschätzung entgegen. In der Kommunikation sind Sie eindeutig und Sie wissen, dass Sie sich aufeinander verlassen können. Ihre Zusammenarbeit beruht auf eindeutigen, nachvollziehbaren Vereinbarungen. Mit welcher Haltung begegnen Sie Menschen im Geschäftsleben und im Privaten? Gibt es etwas zu lernen?

Die mentale Gesprächsvorbereitung
Haben Sie schon einmal einen Slalomläufer am Start beob-

achtet? Mit geschlossenen Augen konzentriert er sich auf den Verlauf der Strecke. Doch nicht nur das. Mit der Hand beschreibt er die ideale Linie um die Stangen. Er stellt sich vor, wie er diese so knapp wie möglich umfahren und wie er so mit einer sehr guten Zeit am Ziel ankommen wird. Er denkt nicht daran, dass es dort am Wald eventuell Eisplatten geben könnte oder dass das Gelände insgesamt sehr schwierig ist. Nein, er ist vollkommen fokussiert auf ein gutes Ergebnis.

Sportler aller Disziplinen machen sich das mentale Training zu nutze. Was im Sport funktioniert, lässt sich auch gut auf Ihr Verkaufsgespräch übertragen. Spielen Sie die Situation in Gedanken durch. Stellen Sie sich vor, wie Sie selbstbewusst und kraftvoll die positiven Seiten Ihres Angebots hervorheben. Sprechen Sie Ihre Sätze laut, denn damit verankern Sie sie in Ihrem Gehirn. So gehören sie in der realen Situation automatisch zu Ihrem Verkaufsgespräch. Hören Sie die Worte Ihres Kunden, er fragt interessiert nach und ist bereit zu kaufen. Ein Handschlag oder ein Vertrag besiegelt die Übereinkunft. Sie fühlen sich gut.

Ihre innere Stärke wird davon beeinflusst, wie entspannt Sie sind. Packen Sie deshalb vor einem wichtigen Termin Ihren Kalender nicht zu voll und schieben nicht auch noch eine kleine Aufgabe rein, nur weil Sie glauben, jeden Moment nutzen zu müssen. Erscheinen Sie pünktlich zum Gespräch. Wenn Sie nicht wissen, wie lange Sie brauchen, um zu Ihrem Kunden zu kommen und ob es dort einen Parkplatz gibt, dann prüfen Sie das vorher. So haben Sie Zeit, noch einmal tief durchzuatmen, die Schultern zu straffen und sich aufzurichten, bevor Sie hineingehen. Freuen Sie sich auf den Kontakt mit Ihrem Kunden.

Sie haben in der Vergangenheit schon Gespräche geführt, mit denen Sie zufrieden waren? Dann führen Sie sich diese noch einmal vor Augen. Was hat Sie so zuversichtlich gemacht? Was haben Sie gesagt, was hat letztendlich zum positiven Ergebnis geführt? Als Erinnerung könnten Sie sich einen Anker in die Jackentasche packen, einen Stein, eine Muschel, was immer Ihnen gefällt. Jedes Mal, wenn Sie diesen Anker berühren, eröffnet das den Zugang zu Ihren Kraftquellen.

Die Inhaltliche Vorbereitung
Zur inhaltlichen Vorbereitung gehört, sich bewusst zu werden, welches Ergebnis Sie in einem Gespräch anstreben. Denn nur mit dieser Klarheit sind Sie in der Lage, eine Strategie zu entwickeln, die Ihnen hilft, Ihre Ziele zu erreichen. Andernfalls überlassen Sie es dem Zufall, wie Ihre Zusammenkunft endet.

Bleiben Sie aber nicht nur bei Ihrer eigenen Perspektive, sondern fragen Sie sich immer auch, welche Absichten Ihr Gesprächspartner verfolgen könnte. Denn so wird es Ihnen möglich sein, mehr Vorschläge und vielleicht auch noch ganz andere in die Verhandlung einzubringen.

6. Übung: Verhandlungsziele festlegen
Je nach Gesprächssituation und Gesprächspartner werden sich Ihre Ziele ändern. Mit der folgenden Übung erstellen Sie eine Sammlung verschiedener Möglichkeiten, aus denen Sie später auswählen.

- Was ist mein wichtigstes Ziel?
- Warum ist mir dieses Ziel so wichtig?
- Was könnte das wichtigste Ziel meines Gesprächspartners sein?

- Warum ist ihm möglicherweise dieses Ziel so wichtig?
- Lässt sich dieses Ziel nur auf einem Weg erreichen?

Wenn Sie Ihr Gesprächsziel definiert haben, bestimmen Sie als nächstes drei finanzielle Verhandlungsstufen. Legen Sie schriftlich fest:

- Ihr Maximalziel
- Ihr Minimalziel
- Ihr Rückzugsziel

Mit dem Maximalziel beschreiben Sie, was Sie sich im optimalerweise erhoffen, also die beste denkbare Variante des Verkaufsabschlusses. Beschränken Sie sich nicht von Anfang an auf eine bescheidene Version, sondern setzen Sie Ihr Ziele hoch. Wenn Sie nur kleine Ergebnisse erwarten, werden Sie in der Regel noch kleinere erreichen.

Ein **Minimalziel** wäre, zumindest einen kleinen Auftrag zu bekommen, quasi den Fuß in der Tür zu haben, aus dem sich später auch mehr entwickeln kann. Welche Zugeständnisse wären Sie bereit zu machen? Bis zu welcher Grenze würden Sie gehen wollen oder können? Dabei sollte nicht ausschließlich der Preis im Mittelpunkt stehen, haben Sie auch die Rahmenbedingungen im Blick, die Ihnen die Arbeit erleichtern. Minimalziele können sein, einen verbindlichen zweiten Termin zu vereinbaren, zu dem der Entscheider hinzugezogen wird oder die notwenige Entscheidung des Vorgesetzten vorliegt, dass Sie mehr Zeit bekommen, sich zu präsentieren oder aber ein konkretes Konzept zu besprechen. Konkret, aber kompakt und kurz, keine detaillierte Problemlösung. Ein solches Konzept ist der Köder.

Das **Rückzugsziel** besagt nicht, sang- und klanglos wieder auseinanderzugehen, sondern auszuloten, ob und wann ein weiteres Treffen möglich ist. Denn einen bestehenden Kontakt zu erhalten ist weitaus weniger zeitaufwendig als einen neuen aufzubauen. Wie Sie mit diesen Interessenten in Verbindung bleiben können, lesen Sie auf S. 99 nach.

Doch bei aller Verhandlungsbereitschaft gilt es auch, aufmerksam zu sein. Denn es gibt Interessenten, die einfach nicht zu Ihnen passen, weder inhaltlich noch von der Chemie. Diese mäkeln an allem und jedem, sie haben Erwartungen, die Sie nicht erfüllen können, bleiben vage in ihren Aussagen, sie sind bereits bei den ersten Besprechungen unpünktlich oder ohne Respekt.

Ein Verkaufsgespräch sollte immer auf Augenhöhe stattfinden, lassen Sie sich nicht in die Rolle der Bittstellerin drängen und begeben Sie sich selbst auch nicht freiwillig in diese. Der Interessent hat ein Problem und Sie die Lösung. Deshalb dürfen Sie Klarheit, Wertschätzung und Zuverlässigkeit erwarten. Auch wenn Sie einen Verkaufsabschluss dringend brauchen, tun Sie sich selbst keinen Gefallen, eine Anfrage anzunehmen, wenn Sie schon im Vorfeld spüren, dass es schwierig werden wird. Hören Sie auf Ihre innere Stimme, die Sie vor künftigen Unannehmlichkeiten bewahren will. Der Satz „Ich möchte das Gespräch hier beenden, denn ich habe den Eindruck, wir kommen nicht zusammen." ist dann am Platz. Statt unendlich Zeit aufzuwenden, diesen schwierigen Gesprächspartner zu überzeugen und Bedingungen anzunehmen, die Sie runterziehen, wenden Sie sich lieber den Kunden zu, die Ihre Arbeit zu schätzen wissen. Denn auf lange Sicht würde nicht nur Ihr Unternehmen, sondern auch Ihr Selbstwertgefühl leiden.

Im nächsten Schritt der Gesprächsvorbereitung geht es darum, die Bedürfnisse des Interessenten in Erfahrung zu bringen. Das ist ausschlaggebend für Ihren Verkaufserfolg. Eine gründliche Vorbereitung kostet nur einmal Zeit, auf Dauer hilft sie Ihnen, in jedem neuen Gespräch gut und individuell reagieren zu können.

Machen Sie es wie ein Arzt

Angenommen, Sie haben Rückenschmerzen und suchen deshalb einen Arzt auf. Kaum dass Sie im Sprechzimmer Platz genommen haben, erzählt Ihnen der Mediziner wortreich und mit großer Leidenschaft von einer Behandlungsmethode, die er seit Neuestem anwendet. Er berichtet von schnellen Erfolgen und von Studien, die hervorragende Ergebnisse bescheinigen. Sie hören eine Weile zu, beginnen dann aber unruhig auf Ihrem Stuhl hin und her zu rutschen. Mit keinem Wort erwähnt der Arzt, ob diese neue Methode auch bei Ihrem Problem, dem Rückenleiden, helfen könnte. Darauf kann er gar nicht eingehen, denn er weiß nicht, warum Sie ihn aufgesucht haben. Er hat Sie nicht gefragt. Zugegeben, eine solche Situation würden Sie bei einem Arzt nicht erleben. Für ihn ist es eine Selbstverständlichkeit, erst eine Anamnese durchzuführen, also den Patienten zu befragen, was ihm fehlt. Und erst dann würde er die Diagnose stellen und eine Therapie vorschlagen.

Im normalen Verkaufsalltag kommt es allerdings sehr häufig vor, dass Anbieter nicht oder nur wenig nachfragen. Stattdessen überschütten sie den Interessenten mit Informationen, die für diesen, zumindest im Augenblick, nicht von Belang sind. Der Verkäufer handelt nach dem Motto: „Ich weiß nicht, ob Sie dieses Problem haben, aber wenn ja, dann hätte ich eine Lösung für Sie." Ähnliches passiert, wenn der Kunde eine ausgefeilte Präsentation vorgeführt bekommt, ohne vorab gefragt worden zu sein, was genau er erwartet. Kein Wunder, wenn er sich so nicht angesprochen und nicht abgeholt fühlt. Bei einem Verkaufsgespräch, bei dem nur Sie reden, werden Sie nie erfahren, was der Kunde denkt und will. Langatmige Präsentationen überfordern zudem sein Konzentrationsvermögen. Ihr Interessent wird nicht mehr zuhören, seine Gedanken schweifen ab. Er wird versuchen, den Kontakt zu beenden und wird vermutlich nie Kunde werden, sondern sich nach einem anderen Anbieter umsehen.

Nehmen wir an, ein Fabrikant für Bürostühle geht in ein Kundengespräch. Er betont, dass sein Modell einen Preis gewonnen hat, dass der Bezugsstoff aus einer besonderen Weberei aus Spanien kommt, die Sitzfläche neu aufgebaut wurde und der Stuhl besondere Rollen hat. Viele überzeugende Verkaufsargumente, so glaubt unser Fabrikant. Doch der Kunde fragt sich im Stillen ständig? Ist der Stuhl auch ergonomisch gestaltet? Er wird es nicht erfahren, weil er eine Standardpräsentation hält und von seinen Vorstellungen ausgeht. Er hat die falsche Perspektive.

Ein anderes Beispiel: Sie wissen, wohin Sie reisen wollen und gehen nun in ein Reisebüro, um sich am Zielort ein Hotel empfehlen lassen. Die Beraterin präsentiert Ihnen ein Haus, sie zählt die Sportmöglichkeiten auf, schwärmt vom üppigen Frühstücksbüffet, von der Aussicht aufs Meer und von vielem anderen mehr. Keine Rede davon, ob es dort ein Kinderprogramm gibt und man vegetarische Küche bietet. Das aber wären Ihre Entscheidungskriterien. Mit ihrer Standardpräsentation redet die Beraterin an Ihnen vorbei.

Um diesen Fehler nicht zu machen, packen Sie Koffer. Nicht im realen Sinn, sondern in der Fantasie. Sie brauchen dazu zwei Koffer: den Fragenkoffer, also die Sicht Ihres Kunden, und den Argumentenkoffer, Ihre eigene Perspektive, das was Sie anbieten können.

Der Fragenkoffer

Verkaufen werden Sie nicht, indem nur Sie reden und den Interessenten mit Informationen zuschütten. Denn wenn Sie in einem Verkaufsgespräch nur reden, werden Sie nie erfahren, was den Kunden bewegt, was seine Beweggründe sind, ein Angebot anzunehmen. Verkaufen werden Sie nur, wenn Sie fragen und vor allem, wenn Sie zuhören. Deshalb packen wir nun den ersten Koffer. Fragen dienen dazu, mehr darüber zu erfahren, welche Bedürfnisse der Kunde hat bzw. was ihn motiviert, ein Problem zu lösen. Man spricht in diesem Zusammenhang nicht wie beim Arzt von der Anamnese, sondern von der Bedarfsanalyse. Doch im Prinzip ist es das gleiche Vorgehen. Denn schließlich wollen Sie ebenfalls in Erfahrung bringen, wo es dem Kunden „weh tut". Mit Ihren Fragen lenken Sie den Gesprächspartner; Sie ermuntern ihn, Details zu erwähnen, auf die es ihm ankommt. Erwarten Sie nicht, dass der Kunde schon von sich aus genau sagen wird, was ihm fehlt. Er braucht Ihre Hilfe, denn sie sind die Fachfrau und wissen deshalb am besten, worauf zu achten und was anzusprechen ist.

Wenn Sie fragen, signalisieren Sie dem Kunden, dass Sie sich für seine Probleme interessieren. Das schafft Vertrauen und macht Sie sympathisch; die Basis für eine gute Kundenbeziehung ist gelegt. Auf der Grundlage seiner Antworten können Sie treffsicher Ihr Angebot darlegen, was ihn überzeugen wird.

Mit offenen Fragen, den sogenannten W-Fragen, regen Sie den Gesprächspartner an:

- Was genau ist Ihr Problem?
- Was genau funktioniert nicht?
- Was haben Sie schon unternommen, um das Problem zu lösen?
- Was hat damals nicht geklappt?
- Was hätte besser sein müssen?
- Warum ist Ihnen das so wichtig?
- Wann soll damit begonnen werden?
- Worauf legen Sie besonderen Wert?
- Was darf auf keinen Fall passieren?
- Welche Rolle spielt das Honorar?
- Was wollen Sie damit erreichen?
- Was muss geschehen, dass ... ?
- Wann trat es zum ersten Mal auf?
- Welche Erleichterung würde es Ihnen bringen?
- Wie lange dauert das bei Ihnen normalerweise?
- Was muss passieren, um nach der Zusammenarbeit sagen zu können, es hat sich gelohnt?

7. Übung: Den Fragenkoffer füllen
Schreiben Sie alle Fragen auf, mit denen Sie mehr über die Wünsche und   Bedürfnisse, über das Anliegen Ihres Interessenten erfahren können.

Mit Präzisierungsfragen regen Sie den Kunden an, mehr darüber zu sagen, worauf es ihm ankommt. Dazu braucht es manchmal nur einen kleinen Impuls und die Bereitschaft, die Antwort abzuwarten. Denn möglicherweise sprechen Sie Details an, über die ihr Gesprächspartner noch gar nicht nachgedacht hat.

- Und darüber hinaus?
- Das heißt?
- Und wenn doch?
- Gar nicht?
- Wirklich?
- Wirklich nicht?
- Zum Beispiel?

Im Gegensatz zu den offenen Fragen werden Sie mit ge-schlossenen Fragen, also mit solchen, die man mit „ja" oder „nein" beantworten kann, nichts Neues erfahren und das Gespräch auch nicht voranbringen, sondern nur eine Bestätigung oder Verneinung dessen erfahren, was Sie denken. Bei einer Abfolge von geschlossenen Fragen wird sich Ihr Kunde ausgefragt und somit unwohl fühlen.

Als lenkendes Element in einem Gespräch machen sie aber durchaus Sinn, z.B. um einen Punkt abzuschließen oder um den Auftrag zu holen.

- Habe ich alles angesprochen, was Sie wissen müssen?
- Können wir im nächsten Schritt eine konkrete Verein-barung treffen?
- Haben Sie noch Fragen?
- Können wir diesen Punkt abschließen?
- Sind Sie mit meinem Angebot einverstanden?

Der Argumentenkoffer
In diesem zweiten Koffer sammeln Sie alle Argumente, die für Ihr Angebot sprechen: Die Fakten, aber auch die Besonderheiten, die Qualität, den Kundennutzen, das, was Sie von der Konkurrenz unterscheidet, alles, was Sie in die Waagschale werfen können, um den Interessenten zu

überzeugen. Das tun Sie aber nicht, um dem Kunden dann im Gespräch alles anzuführen, was Sie aufgelistet haben, sondern damit Sie auswählen können, je nachdem, was er nachgefragt hat. Alles aufzuzählen wäre wie besagte Standardpräsentation, der Schrotschuss. Das eine oder andere Argument mag das Bedürfnis des Kunden beantworten, vieles aber nicht. Er spürt, dass er nicht persönlich gemeint ist, sondern dass Sie sich an eine undefinierte Menge richten. Das wird ihn abschrecken.

8. Übung: Den Argumentenkoffer füllen
Nehmen Sie ein Blatt Papier und notieren Sie detailliert, warum Ihnen ein Interessent den Auftrag geben sollte.

* Welchen Nutzen schafft Ihr Angebot?
* Im Gesamten und im Detail?
* Wie wird der Kunde sich fühlen, wenn das Problem gelöst ist?
* Was ist das Besondere Ihres Angebots?
* Wodurch unterscheiden Sie sich von der Konkurrenz?
* Was kann der Kunde von der Zusammenarbeit mit Ihnen erwarten?
* Wie würde die Zusammenarbeit im Einzelnen aussehen?
* Wo haben Sie schon ähnliche Aufgaben bearbeitet?
* Wie häufig kommt das vor?

Mit diesen beiden wohlgefüllten Koffern sind Sie gerüstet für jede Gesprächssituation mit Interessenten. Es wird Ihnen leicht fallen, je nach den Wünschen Ihres Kunden die passenden Verkaufsargumente anzuführen und ihn damit zu überzeugen. Seien Sie mutig genug zuzugeben, wenn Sie seiner Anfrage nicht entsprechen können, anstatt auf Biegen und Brechen zu versuchen, den Auftrag zu bekommen. Statt sich mit einer Zusage ein Problem einzuhandeln, empfehlen Sie jemanden aus Ihrem Netzwerk.

Sieben professionelle Gesprächsstrategien

Zuhören

Wenn Sie im Gespräch Ihre Fragen stellen, werden Sie Antworten bekommen. Hören Sie aufmerksam zu. Je öfter allerdings Sie mit Kunden gesprochen haben, desto schneller werden Sie vermutlich glauben, genau zu wissen, was er braucht. Widerstehen Sie dem Antrieb, auf Stichworte zu lauern und diese zum Anlass zu nehmen, wieder selbst zu sprechen. In dieser Phase geht es um den Kunden.

Aufnehmendes Zuhören

Grundvoraussetzung für das Zuhören ist Ihre innere Haltung. Nur wenn Sie wirklich erfahren wollen, was der Kunde Ihnen sagt, wenn Sie seine Antworten (auch innerlich) nicht bewerten, wird es Ihnen gelingen, aufzunehmen, ohne schon im Kopf eigene Antwortsätze zurecht zu legen. Offene Ohren, offene Augen, offenes Herz ist die Devise. Zeigen Sie Ihrem Interessenten deshalb durch eine zugewandte Haltung, durch Blickkontakt und Kopfnicken, dass Sie wirklich zuhören und erfahren wollen, was er braucht. Mit kleinen akustischen Signalen wie „mmh", „ja", „so?" oder einem „Ich verstehe" ermuntern Sie ihn zum Sprechen. Sagen Sie Ihrem Gegenüber, dass Sie Wesentliches mitschreiben werden, um später darauf zurückkommen zu können. So wird deutlich, dass Sie sein Anliegen ernst nehmen.

Aktives Zuhören

Aktives Zuhören ist die Königsdisziplin der Kommunikation. Bei dieser Methode achten Sie nicht nur auf das gesprochene Wort, nehmen nonverbale Kommunikationssignale nicht nur wahr, Sie gehen auch darauf ein. Denn die Worte sind das eine, die sie begleitende Körpersprache und die Stimme das andere. Wenn wir im Gespräch spüren, dass es einen Widerspruch gibt zwischen den sprachlichen und nichtsprachlichen Signalen, schenken wir meist den Worten mehr Glauben und lassen andere Signale außer Acht. Doch hier unterliegen wir einem Irrtum: Untersuchungen belegen, dass Worte nur 7% Anteil an der Bedeutung des Gesagten haben. Den Hauptanteil macht die Körpersprache mit rund 55% aus, gefolgt von der Stimme mit 38%.

Mit dem Aktiven Zuhören ändern Sie Ihr Gesprächsverhalten und lösen die fehlende Übereinstimmung zwischen verbalen und nonverbalen Äußerungen auf. Sie tragen so wesentlich zum Gelingen Ihrer Verkaufsgespräche bei.

Paraphrasieren

Nicht jeder ist in der Lage, sich genau auszudrücken. Wenn Ihnen unklar ist, was Ihr Gegenüber geäußert hat, dann wenden Sie die Methode des Paraphrasierens an. Das bedeutet, dass Sie mit eigenen Worten wiederholen, was Sie gehört haben. Mit eigenen Worten, darauf kommt es an. Denn wenn Sie lediglich den Wortlaut des Gesprächspartners papageienhaft wiederholen, wird der sich zum einen auf den Arm genommen fühlen. Zum anderen ist durch das bloße Nachsprechen keinesfalls gewährleistet, dass die Nachricht bei Ihnen auch wirklich angekommen ist.

Es gibt Satzanfänge, die Sie für ein Paraphrasieren einsetzen können:

- Sie legen Wert auf ...
- Mit anderen Worten ...
- Zusammengefasst meinen Sie ...

116

- Das heißt, ...
- Ihnen ist wichtig, dass ...
- Das bedeutet für Sie, ...
- Sie meinen also ...
- Meinen Sie damit, dass ...
- Sie sagten gerade, dass ...
- Verstehe ich richtig, dass ...
- Was Sie sagen, fasse ich so auf: ...
- Sie möchten wissen, ob ...
- Habe ich richtig verstanden, dass Sie ...

Das Paraphrasieren ist eine Einladung an den Sprecher zu bestätigen, was Sie annehmen oder aber es noch einmal anders zu formulieren, um Klarheit zu erreichen. Diese Methode macht im Verkaufsgespräch (und nicht nur da) immer Sinn. Besondere Bedeutung kommt ihm aber zu, wenn es um die Formulierung der Auftragskonditionen geht. Setzen Sie sie nicht ein, kommt es zu Missverständnissen, im schlimmsten Fall zu bösen Auseinandersetzungen, weil die Gesprächspartner von unterschiedlichen Vorstellungen ausgegangen waren.

Vielleicht werden Sie einwenden, Paraphrasieren koste Zeit und ziehe das Gespräch in die Länge. Das ist zum Teil richtig. Doch da Sie Sie diese Methode nicht bei allem Gesagten anwenden, sondern nur dann, wenn es darauf ankommt, Ihren Gesprächspartner wirklich zu verstehen, ist der Zeiteinsatz gering. Von falschen Voraussetzungen auszugehen, später Probleme aus dem Weg räumen zu müssen oder dem Kunden ein unpassendes Angebot vorgelegt zu haben, wiegt schwerer. Dem vermeintlichen Gewinn an Zeit stehen ein finanzieller Verlust und ein Imageproblem gegenüber.

Verbalisieren

Beim Zuhören kommt es nicht nur auf die Worte an, es gilt auch, „zwischen den Worten" zu hören. Damit ist gemeint, dass der Sender seine Gefühle oft nicht ausspricht, sondern sie stellvertretend über die Körpersprache und die Stimme vermittelt. Wenn es Ihnen gelingt, diese Signale nicht nur aufzunehmen, sondern auch darauf zu reagieren, tragen Sie wesentlich zur Kundenbindung und zur Klarheit des Gesprächs bei.

Dazu eignen sich Formulierungen wie:

* Sie scheinen enttäuscht/unzufrieden/sauer.
* Sie scheinen noch zu zweifeln.
* Kann es sein, dass Sie noch nicht überzeugt sind?
* Ich habe den Eindruck, dass mein Angebot Sie noch nicht unzufrieden stellt.

Mit diesen Sätzen beschreiben Sie keinen bestimmten Zustand, sondern stellen eine Vermutung in den Raum, die auf Beobachtung und genauem Hinhören beruht. Das machen Sie mit Ihrer Formulierung deutlich. So hat Ihr Gesprächspartner mehr noch als beim Paraphrasieren die Freiheit, darauf einzugehen und seine Gefühle zu begründen. Wenn es Ihnen allerdings gelingt, die emotionale Ebene anzusprechen, wird sich die Beziehung vertiefen. Je persönlicher Ihr Angebote ist, umso unverzichtbarer wird das Verbalisieren im Verkaufsgespräch.

Zusammenfassen

Die Gespräche verlaufen selten linear, oftmals werden Dinge wiederholt angesprochen, obwohl schon eine Einigung erzielt wurde. Dies können Sie verhindern, indem Sie die Regie übernehmen und das Gespräch von einem

Punkt zum anderen führen. So sind Zusammenfassungen notwendige Bausteine auf dem Weg zu einem konkreten Abschluss, sie können sogar den unmittelbaren Abschluss einleiten. Je mehr Übereinstimmungen Sie im Vorfeld bereits erzielt haben, umso besser. Fassen Sie deshalb zusammen und zeigen Sie auf, was Sie aus Ihrer Sicht als nächstes besprechen und vereinbaren sollten.

„Danke, dass Sie so genau dargelegt haben, was Sie brauchen. Das ist für mich eine gute Grundlage, Ihnen jetzt aufzuzeigen, wie ich Sie unterstützen kann."

„Nachdem wir uns einig sind zusammenzuarbeiten, sollten wir als nächstes über den Zeitplan der Umsetzung sprechen."

„Wir haben nun über die Form der Zusammenarbeit, über den Zeitplan gesprochen und sind uns auch über die Kosten einig. Jetzt bleibt nur noch zu vereinbaren, wann wir starten wollen."

Da Sie im Gespräch die wichtigsten Punkt notieren, wird Ihnen die Zusammenfassung leicht fallen. Und nicht nur das: Das Mitschreiben verstärkt die Verbindlichkeit für beide Seiten. Darüber hinaus haben Sie mit den Stichworten die Grundlage für die Vereinbarung mit dem Auftraggeber und können im Ernstfall von Unstimmigkeiten wieder darauf zurückgreifen.

Einwänden begegnen
Sie werden vermutlich selten ein Verkaufsgespräch führen, bei dem Sie sofort einen Abschluss erzielen. Allein diese Erwartung nicht zu haben, macht Sie stärker. Manche Interessenten zögern, sie wollen die Entscheidung hinausschie-

ben, bringen Einwände oder auch Ausreden vor. Lassen Sie sich davon nicht abschrecken und verunsichern. Stellen Sie sich im Gegenteil schon im Voraus auf mögliche Einwände ein und entwickeln Sie Ihre eigene Strategie, wie sie darauf reagieren wollen.

Wenn Sie allerdings den Kunden im Laufe des Gesprächs schon ausgiebig nach seinen Bedürfnissen, Problemen, nach seinem Budget und dem Willen, **jetzt** eine Entscheidung zu treffen, befragt haben, dürfte sich diese Hürde kaum noch stellen. Dann geht es im weiteren Verlauf des Gesprächs lediglich noch um Detailfragen.

Zuerst einmal sollten wir zwei Dinge trennen: den Vorwand und den Einwand. Der Vorwand wird benutzt, wenn der Interessent seine wahren Beweggründe für eine Ablehnung nicht nennen will. Er versucht, das Gespräch zu beenden. Er will seine ehrliche Meinung nicht sagen und hofft, mit seiner Formulierung sein Gegenüber nicht zu verletzen. Kaufen wird er nie. Wer sich auf Vorwände einlässt und versucht, diese zu entkräften, wird bald feststellen, dass laufend neue Gründe nachgeliefert werden, um die Ablehnung zu untermauern. Hier dranzubleiben, ist zeitaufwendig und führt zu keinem Ergebnis. Hat der Kunde einen Vorwand, wird er Ihnen schweigend zuhören, kaum oder gar keine Fragen stellen und auch nonverbal nicht signalisieren, ob er grundsätzliches Interesse hat. Bleiben Sie höflich und verabschieden Sie sich mit dem Satz „Ich habe den Eindruck, wir kommen im Augenblick nicht zusammen." So lassen Sie den Fuß in der Tür. Wer weiß, ob der Gesprächspartner eines Tages nicht doch Ihre Dienstleistung braucht und auf Sie zurückkommen wird?

Einwände wird der Kunde vortragen, wenn er sich zu gendeinem Aspekt noch nicht ausreichend informiert fühlt. Damit können und sollten Sie sich tatsächlich auseinandersetzen. Es gibt typische Einwände und solche, die Ihnen im Laufe der Zeit ganz persönlich häufiger begegnen. Auch wenn Sie in einer ersten konkreten Situation noch nicht souverän damit umgehen konnten, sollten Sie daraus lernen und Ihr Handlungsrepertoire vergrößern. Schreiben Sie diese Kundeneinwände auf. Überlegen Sie, was Sie darauf antworten wollen, und proben Sie den Gesprächsablauf immer wieder, im Stillen, besser noch im lauten Selbstgespräch. Dann haben Sie im Ernstfall Antworten parat. Lassen Sie uns im Folgenden einige typische Einwände genauer anschauen:

„Ich muss mir das noch einmal überlegen."
In diesem Fall fragen Sie nach: „Wollen Sie denn, dass sich ... verbessert?" Sobald Sie das Signal bekommen, dass Ihr Gesprächspartner zu positiven Veränderungen bereit ist, sollten Sie noch einmal die Vorteile einer Zusammenarbeit verdeutlichen. Kontrastieren Sie, wie es für den Kunden heute aussieht und wie, wenn Sie für ihn tätig geworden sind. Beschreiben Sie Details und nutzen Sie dazu Adjektive, um Emotionen anzusprechen.

„Das ist mir zu teuer."
Haken Sie nach: „Ist der Preis für Sie das ausschlaggebende Kriterium? Oder gibt es etwas, was Ihnen noch wichtiger ist?" Aufgrund der Antwort des Kunden können Sie offen legen, in welchem Punkt Sie sich von der günstigeren Konkurrenz unterscheiden und inwieweit Ihr Angebot genau dieses Bedürfnis des Kunden erfüllt. Eine weitere

Frage entscheidet, ob es Sinn macht, weiter zu verhandeln: „Meine Preise liegen etwas über dem Durchschnitt. Sollen wir das Gespräch fortsetzen?"

„Wir haben schon einen anderen Anbieter."
„Darf ich Sie fragen, was bei der jetzigen Zusammenarbeit besser laufen könnte?" Es geht nicht darum, die Konkurrenz schlecht zu machen. Bleiben Sie ganz bei sich und zeigen Sie auf, in welchem Hinblick Sie mehr bieten können. „Was müsste ich anbieten, damit Sie dennoch interessiert sind?" Eine Frage, die die oft verschlossen geglaubte Tür öffnet: „Heißt das, wir kommen gar nicht zusammen?" Ist die Antwort darauf ein klares Nein, kann es Zeit sein, sich zu verabschieden. Häufiger aber kommt ein „So habe ich das nicht gemeint." zurück. Das ist der Start, neu auszuloten, was bei allen Einwänden doch möglich ist. In einem Gespräch, in dem mein Gegenüber alle Gründe anführte, warum er mein Angebot nicht würde annehmen, brachte die Frage *„Heißt das, wir kommen gar nicht zusammen?"* die entscheidende Wendung. Plötzlich führte er eine Lösung an, an die ich selbst nicht gedacht hatte. Das Geschäft war perfekt.

Wie Sie grundsätzlich bei Einwänden vorgehen:
1. Schritt
Einwand würdigen, erst nehmen, nicht zurückweisen, Zuhören (mmh ...)
2. Schritt
Einwände in Wünsche verwandeln, Paraphrasieren
„Sie würden also gern ..."
„Ihnen ist also wichtig, dass ..."
„Sie sind also der Meinung, dass ..."
3. Schritt
Wenn ... dann- Formel: „Angenommen, ich könnte Sie in

diesem Punkt zufriedenstellen. Wären wir dann im Geschäft?"

4. Schritt Eingrenzen: „Gibt es außerdem noch etwas was Sie abhält, das Geschäft zu machen?"

Die organisatorische Vorbereitung
Der Zeitpunkt

Der Zeitpunkt des Akquisegesprächs ist ein wichtiger Aspekt, noch wichtiger aber ist der Zeitrahmen, der dafür zur Verfügung steht. Klären Sie im Vorfeld zum einen, wieviel Zeit der Kunde Ihnen einräumen kann, zum anderen, welches Ziel Sie mit Ihrem Besuch beim Kunden verfolgen und wieviel Zeit Sie dafür benötigen: Wollen Sie ein Modell zeigen, ein Konzept vorstellen, ein Werkstück präsentieren oder gehen Sie hin, um die Örtlichkeiten des Kunden kennenzulernen als Voraussetzung für einen Auftrag? Stimmen Sie Ihrer beider Interessen miteinander ab!

Hat Ihr Kunde nur ein paar Minuten und bräuchten Sie länger, ist es besser, darum zu bitten, den Termin zu verlegen auf einen Tag, an dem er Ihnen mehr Zeit widmen kann. Ist das nicht möglich, passen Sie Ihre Gesprächsstrategie an. Hier keine Absprachen zu treffen, wird im Frust enden, wenn Sie denken, Sie haben Zeit, und der Kunde nach einer Viertelstunde sagt: *„Jetzt muss ich leider gehen."* Das hat die Folge dass Sie abbrechen oder im Geschwindschritt zum Ende kommen müssen. Beides führt meistens nicht zu einem Abschluss.

Persönliche Einstimmung

Treffen Sie pünktlich zum Gespräch ein. Wenn Sie den Weg dorthin nicht genau kennen, nicht wissen, wie viel Fahrzeit Sie veranschlagen müssen und ob Sie am Ziel einen Parkplatz finden werden, dann informieren Sie sich vorab. Wenn Sie merken, dass Sie sich trotz aller Vorsicht verspäten, entschuldigen Sie sich möglichst umgehend und mit einer plausiblen Erklärung. Jemanden unnötig warten zu lassen, ist unhöflich. Seine Zeit ist ebenso viel wert wie Ihre.Tragen Sie saubere und der Situation angemessene Kleidung. Sie zeigen so, welchen Wert Sie dem Gespräch beimessen. Wenn Sie Parfum auftragen, dann nur wenig. Möglicherweise ist Ihr Gesprächspartner allergisch. Außerdem markieren Sie mit ihrem Duft den Raum, auch wenn Sie sich schon längst wieder verabschiedet haben. Das mögen die wenigsten.

Gut sortierte Unterlagen
Eine gute Vorbereitung wirkt kompetent und professionell. Schauen Sie deshalb nach, ob Sie für das Kundengespräch die richtigen und vor allem die aktuellen Unterlagen eingepackt haben. Denn wenn hier etwas fehlt, macht das einen schlechten Eindruck. Unter Umständen vereitelt das sogar den Auftrag. Es wäre fatal, wenn Sie auf Nachfrage herumblätterten und sagen müssten: „Ach, wo war das doch gleich, ich dachte, ich hätte es dabei." Stimmen Sie den Inhalt Ihrer Unterlagen auf die Kundenanfrage ab und sorgen Sie dafür, dass die Qualität Ihrer Arbeit, die Sie dem Interessenten versprechen, auch darin zum Ausdruck kommt. Sollten Sie dennoch etwas nachliefern müssen, dann so zeitnah wie möglich. Kombiniert mit einem Anschreiben und vielleicht sogar mit Zusatzinformationen machen Sie das Versehen wett.

Ihre Broschüre, Ihre Präsentationsmappe sind nicht der Leitfaden für das Gespräch mit einem Interessenten. Zumindest sollten sie nicht zu Beginn eingesetzt werden, denn sonst würden Sie zu schnell auf Ihre eigenen Interessen zu sprechen kommen und nicht die Bedürfnisse des

Kunden in den Mittelpunkt stellen. Nutzen Sie Ihre Unterlagen vielmehr als Erinnerung an das Zusammentreffen. Noch besser ist es, sie dem Gesprächspartner im Nachhinein mit einem Dankesschreiben zuzusenden.

Der Gesprächspartner

Ein Kundengespräch lässt sich besser strukturieren und wird erfolgreicher ablaufen, wenn Sie vorab einige Details klären und sich darauf vorbereiten: Wie kam der Kontakt zustande? Wurden Sie empfohlen? Kam die Anfrage über Ihre Website? Haben Sie den Gesprächspartner auf einer Messe kennengelernt? Gab es bereits ein erstes Telefonat? Solche Informationen eignen sich sehr gut für den Small Talk zu Beginn der Zusammenkunft. Ist Ihr Ansprechpartner vom Fach oder ist er Laie auf dem Gebiet? Dieses zu wissen, ist wichtig für Ihre Kundenansprache. Sie dürfen niemanden, der von der Materie wenig weiß, mit Fachbegriffen bombardieren. Das schafft kein Vertrauen und keine Verbundenheit. Für Fachleute ist es oft eine große Herausforderung, Dinge mit einfachen Worten zu erklären. Mit ein wenig Vorbereitung wird es Ihnen aber gelingen, Ihr Angebot so zu erläutern, dass es auch Fünfjährige verstehen könnten.

Wenn Sie sich mit dem Mitarbeiter eines Unternehmens treffen werden: Wer ist Ihr Ansprechpartner? Wird er entscheiden, ob Sie den Auftrag bekommen? Oder wird er die Informationen aus dem Gespräch seinem Vorgesetzten weitergeben? Ist man nur daran interessiert, mehr zum Thema zu erfahren? Gibt es ein Budget, das Problem zu lösen, und besteht der Wunsch, **jetzt** das Problem anzugehen? Sammeln Sie alles, was Sie vom Kunden schon in Erfahrung bringen können, nutzen Sie die Website des Interessenten. Manche Punkte lassen sich nicht im Vorfeld herausfinden.

Dann ist es Ihre Aufgabe, sie möglichst bald im Gespräch zu klären.

Der Ort

Findet das Gespräch in Ihren Räumen statt, können Sie gute Rahmenbedingungen schaffen. Ein ungestörter Ort ist die Voraussetzung für einen guten Gesprächsverlauf. Wenn ständig das Telefon klingelt, wenn Mitarbeiter immer wieder den Kopf in die Tür stecken, um nur schnell etwas zu fragen, unterbricht das die Konzentration. Auch ein Handy, das mit seinen Tönen Ihre Aufmerksamkeit fordert, gehört nicht auf den Tisch, zumindest sollten Sie es auf stumm schalten. Andernfalls erfährt Ihr Gesprächspartner nicht die Wertschätzung, die er verdient, sondern bekommt unausgesprochen das Signal: Es gibt Dinge, die sind wichtiger als Sie.

Der Raum, das gesamte Umfeld, in dem die Zusammenkunft stattfindet, sendet nonverbale Signale. Ob sich ein Besucher bei Ihnen willkommen fühlt, wird von vielen Faktoren beeinflusst. Sie sind selten bewusst und wirken sie sich auf die Atmosphäre Verlauf und das Ergebnis einer Verhandlung aus.

Schauen Sie sich deshalb, bevor ein Kunde bei Ihnen eintrifft, mit seinen Augen um. Was wird er sehen? Ist es aufgeräumt? Stapeln sich die Unterlagen auf Ihrem Schreibtisch? Könnte er vertrauliche Briefe und Informationen einsehen? Welken die Topfpflanzen auf dem Fensterbrett? Oder ist Ihr Arbeitsplatz ein Beleg für Professionalität und Organisation? Gibt es ein inspirierendes Pinnbrett, ein wohlgeordnetes Regal oder Fotos und Bilder als Augenweide? Riecht es nach Rauch, nach Parfüm? Werden Sie Getränke anbieten? Liegen Stifte und Papier bereit? Sind

Ihre Informationsbroschüren auf dem neuesten Stand. Und haben Sie eine Kopie Ihres Angebots für Ihre eigenen Unterlagen vorbereitet?

Verzichten Sie darauf, sich Ihrem Besucher genau gegenüber zu setzen. Eine solche Anordnung wird als eher konfrontativ empfunden und zwingt außerdem, ständig zu kommunizieren. Dieser Eindruck wird im besonderen Maße erweckt, wenn Sie den Besucher auf die gegenüberliegende Seite Ihres Schreibtischs bitten. Der Schreibtisch wird als Ihr Revier wahrgenommen, die Gegenseite entspricht einem untergeordneten Platz.

Viel besser eignet sich ein Besuchertisch mit gleichen Sitzgelegenheiten oder zumindest eine Anordnung, indem Sie Ihren Stuhl an die Stirnseite rücken des Schreibtischs und er keine Barriere zwischen Ihnen bildet. Die Unterhaltung findet dann auf Augenhöhe statt. Im Gegensatz dazu lässt diese Sitzposition über Eck mehr Spielraum. Sie können so auch einen Moment schweigen und Ihre Gedanken sammeln, ohne dass das störend wirkt. In dieser Anordnung können Sie den Blickkontakt dennoch halten, um zu erkennen, welche Reaktion Ihre Worte bei Ihrem Gegenüber hervorrufen. Damit Ihnen das auch möglich ist, wenn Sie eine Präsentation auf Ihrem Laptop zeigen, rate ich Ihnen, von Zeit zu Zeit den Bildschirm herunterzuklappen und Ihren Besucher anzusehen. So sprechen Sie mit ihm und nicht mit dem Monitor.

Im Geschäftskontakt gilt eine Distanzzone von 1,5 m. Rücken Sie dem anderen also nicht zu nah. Auf der anderen Seite sollten Sie aber auch nur so weit entfernt sein, dass Sie wirklich im Kontakt sind und eine gute Unterhaltung führen können. Berührungen sind absolut tabu, nirgends, auch nicht am Arm. Halten Sie sich daran, erlauben Sie aber auch niemanden, Ihre eigenen Grenzen zu überschreiten.

Sehen Sie gemeinsam Unterlagen durch, hilft der Powerlift, um wieder zu einem Blickkontakt zu gelangen: Zeigen Sie mit dem Stift auf einen Punkt in den Unterlagen und führen Sie dann den Stift hoch zu Ihrem Gesicht. Die Augen Ihres Kunden werden automatisch dem Stift folgen und Sie können seine Reaktion auf das Gesagte, die Mimik, wahrnehmen.

Führen Sie das Gespräch bei einem Interessenten, können Sie dennoch, wenn auch eingeschränkt, dafür sorgen, dass die Rahmenbedingungen für Sie passen und Sie sich wohl fühlen. Nehmen Sie nicht alles als gegeben und unverrückbar hin. Sie müssen Ihre Unterlagen auf dem Schoß balancieren, weil es keinen Platz dafür gibt? Die Sonne blendet? Ihre Kehle ist trocken? Dann sagen Sie es. Übrigens: In einem weichen Sessel lässt sich nicht verhandeln. Sie haben eine schlechte Haltung und sind weniger auf ein sachliches Gespräch als auf eine Plauderei eingestimmt. Fragen nach Veränderungen: „Macht es Ihnen etwas aus, wenn ich ...“ „Wäre es möglich, dass ich ...“ „Könnten wir ...?“ Mit solchen Fragen gestalten Sie nicht nur die augenblickliche Situation mit, Sie zeigen gleichzeitig auf, dass Sie nicht alle Bedingungen akzeptieren und sich anpassen. Dies wird sich grundsätzlich auf die Zusammenarbeit auswirken und den Respekt steigern, den man Ihnen entgegenbringt.

So wie Sie dafür sorgen, dass sich ein Besucher bei Ihnen wohlfühlt, so dürfen Sie es auch bei einem ernstzunehmenden Kunden erwartet. Seien Sie deshalb aufmerksam und verdrängen Sie nicht das Gefühl, Sie seien es nicht wert.

Wenn eine Geschäftsbeziehung schlecht startet, wird es vermutlich auch in Zukunft so sein.

Besonders in größeren Unternehmen kommt es vor, dass Sie mit mehreren Gesprächspartnern gleichzeitig zu tun haben. Achten Sie darauf, Ihren Blick schweifen zu lassen und nicht mit einem Einzelnen in den Dialog zu treten. Sie wenden sich, wenn Sie antworten, zuerst dem Fragesteller zu, schauen dann wieder in die Runde. Dies ist umso wichtiger, da Sie höchstwahrscheinlich nicht wissen, wer letztendlich entscheidet, ob Sie den Auftrag bekommen. Mit dem Blick in die Runde sprechen Sie alle an und zeigen, dass alle für Sie gleich wichtig sind.

10. Selbstbewusstsein ausstrahlen

Die Qualität Ihres Angebots bestimmt, ob ein Interessent zum Kunden wird. Doch auch Ihr Auftreten spielt beim Verkauf eine bedeutende Rolle. Denn was nützt die Qualität, wenn Ihnen es nicht gelingt, sie glaubhaft darzustellen? Sie wirken überzeugend und kompetent, wenn alle kommunikativen Signale, die von Ihnen ausgehen, Ihre Worte, Ihre Stimme, die Haltung, die Mimik die gleiche Botschaft haben. Im Zusammenspiel dieser Faktoren entsteht ein authentischer Eindruck. Der Gesprächspartner wird Ihnen dann zuhören und spüren, dass er vertrauen kann. Die Worte und deren Bedeutung für die Kommunikation werden sehr häufig überschätzt. Zu einem sehr hohen Prozentsatz bestimmen der Tonfall und die Körpersprache, welchen Eindruck Sie auf andere Menschen machen.

Für ein gutes Gespräch ist es einerseits wichtig, sich der eigenen Körpersprache bewusst zu sein, zum anderen aber auch, die nonverbalen Signale des Gegenübers lesen und entsprechend darauf reagieren zu können.

Die Bedeutung der Körpersprache
Die Basis für eine überzeugende und kraftvolle Ausstrahlung sind das Selbstbewusstsein und das Selbstwertgefühl. Für ein Verkaufsgespräch bedeutet das, dass Sie sich in der

Rolle der Unternehmerin wohlfühlen. Sich als eine Frau sehen, die Lösungen anbietet, und die davon überzeugt ist, gute Arbeit zu leisten. Sind Sie darin noch unsicher, arbeiten Sie vor einem Kundenkontakt noch einmal das Kapitel Positionierung durch. Denn wenn Sie davon ausgehen, nur eine von vielen Anbieterinnen zu sein, die sich in nichts von der Konkurrenz unterscheidet, dann hat das einen großen Einfluss auf Ihr Auftreten. Überprüfen Sie Ihre Annahmen, verfeinern Sie Ihre Positionierung, bis Sie den Unterschied gefunden haben.

Wenn Sie sich bewusst machen, welche Aufgaben Sie schon zufriedenstellend bewältigt haben, wird das ebenfalls Ihr Auftreten verändern. Rufen Sie sich dafür positiv erlebte Situationen detailliert in Erinnerung: Die zustimmenden Gesichter, das Nicken des zufriedenen Kunden, das freudige Gefühl, sich einer Situation gestellt und sie gemeistert zu haben.

Ein anderer Weg zu einer überzeugenden Körpersprache ist die Vorwegnahme des zukünftigen Erfolgs. Dies entspricht der So-tun-als-ob-Methode: Malen Sie sich das Gespräch aus, das Sie gleich führen werden: Mit welchen Worten wird es Ihnen gelingen, den Kunden zum Kauf zu bewegen? Wie souverän werden Sie auf seine Fragen reagieren? Wie wird es sich anfühlen, wenn Sie mit einem Handschlag oder einer Unterschrift die Vereinbarung besiegeln? Sportler schwören auf die Methode der Vorwegnahme. Dieses mentale Training hilft ihnen, höher zu springen, schneller zu laufen, länger durchzuhalten.

8. Übung: Ein Wechselspiel erleben
Wie Ihre Gedanken Ihre Körpersprache beeinflussen, kön-

nen Sie selbst in einem kleinen Experiment ausprobieren: Lassen Sie den Kopf hängen, machen Sie kleine Schritte, schauen Sie dabei auf den Boden und denken Sie darüber nach, wie toll Sie sind! Gemacht? Ok, und nun das Gegenteil: Straffen Sie Ihren Körper, richten Sie sich auf, lassen Sie Ihre Augen schweifen, gehen beschwingt durch den Raum und sagen Sie sich: „Ich bin ein ganz kleines Licht." Und, hat es funktioniert? Sicher nicht, denn Sie haben nun selbst erlebt, wie die Körperhaltung das Gefühl beeinflusst. Wir können nicht die Schultern hängen lassen, mit leiser Stimme sprechen und uns stark fühlen. Diese So-tun-als-ob-Methode verändert nicht nur Ihren momentanen Ausdruck, Sie werden dadurch auch wachsen. Das Umfeld wird Sie anders behandeln, weil man Sie anders wahrnimmt. Ein Wechselspiel.

Die Körpersprache zu verändern heißt nicht, Bewegungen und Haltungen einzustudieren. Doch andere Gedanken führen zu einem veränderten nonverbalen Ausdruck. Das ist das Geheimnis. Wenn Sie sich gedanklich kleinmachen, wenn Sie zweifeln, wird man das im Außen wahrnehmen. Wenn Sie sich hingegen innerlich stärken, machen Sie einen selbstsicheren Eindruck.

Folgende körpersprachliche Signale drücken Selbstsicherheit und Überzeugungskraft aus:
*   aufrechter Stand bzw. aufrechte Sitzposition
*   lockere und entspannte Schultern
*   gerade Kopfhaltung
*   offener Blick
*   Blickkontakt, doch nicht ständig
*   fester Händedruck
*   mit den Worten übereinstimmende Gestik
*   mit den Worten übereinstimmende Mimik

- an die Situation und den Ort angemessene Lautstärke
- Lächeln, doch nur wenn es zur Situation passt
- die richtige Distanz zum Gesprächspartner
- entspannter Mund, er entsteht durch ein Lächeln nach innen
- Kleidung, in der Sie sich wohl fühlen

Als unsicher wird empfunden:
- mit Gegenständen spielen (Kugelschreiber, Haare, Kette)
- unstete Augen
- dem Blickkonktat ausweichen
- eine enge Körperhaltung
- ineinander verschränkte Beine oder Arme
- schräger Kopf
- leise Stimme
- unangemessenes oder dauerhaftes Lächeln
- hochgezogene Schultern

Die Körpersprache der anderen
In einem guten Gespräch geht es nicht nur um Sprechen und Wirken, sondern auch um Zuhören und Wahrnehmen. Gibt es einen Bruch zwischen der Sprache und der Körpersprache Ihres Gegenübers, sind Sie zu Recht verunsichert. Sie kennen das sicher. In einem Gespräch kommen zweifelnde Gedanken in Ihnen auf, doch könnten Sie nicht sagen, warum. Höchstwahrscheinlich waren die unterschiedlichen Botschaften der Worte und des nonverbalen Ausdrucks der Grund.

Lassen Sie es mich an einem Beispiel verdeutlichen. Stellen Sie sich vor, Sie sind bei einem Kunden. Er hatte vorab gesagt, er habe Zeit. Doch jetzt schaut er ständig auf die Uhr und schüttelt sogar noch den Kopf. Natürlich sind Sie irritiert und fragen sich, welche Botschaft stimmt? Seine Worte oder seine Körpersprache? Hat er Zeit oder nicht?

Statt vorschnell zu interpretieren, was Sie sehen, und daraus Schlüsse für Ihr eigenes Verhalten zu ziehen, suchen Sie nach weiteren Signalen, die die Botschaft, Ihr Kunde habe keine Zeit, untermauern. Das könnten knappe Antworten sein, kein Nachfragen, sitzen auf der Stuhlkante oder auch ein unruhiger Blick. Fehlt das alles und nehmen Sie nur seinen Blick auf die Uhr und sein Kopfschütteln wahr, sollten Sie das ansprechen und Ihre Beobachtung in nicht-wertende Worte fassen: „Ich sehe, Sie schauen auf die Uhr. Bedeutet das, dass Sie doch wenig Zeit haben?" Nur so bekommen Sie Klarheit. Zwei Antworten sind nun möglich: Entweder Ihr Gesprächspartner hat tatsächlich wenig Zeit, dann können Sie besprechen, ob es Sinn macht, die Zusammenkunft abzukürzen oder zu vertagen. Oder aber er sagt Ihnen, dass ein erwarteter Anruf nicht kommt oder dass die Uhr bei der Reparatur war und nun doch nicht funktioniert. Dann hat sein Blick auf die Uhr und sein Kopfschütteln nichts mit Ihnen zu tun.

Um die körpersprachlichen Botschaften eines Menschen zu entschlüsseln, dürfen wir also nicht einzelne Signale isoliert betrachten, sondern müssen nach weiteren übereinstimmenden Signalen suchen. Wir würden unseren Gesprächspartnern sonst Unrecht tun. Vor der Brust verschränkte Arme werden häufig als Verschlossenheit interpretiert. Sie können aber auch bedeuten: „So ist es mir bequem." oder „Mir ist kalt." Erst wenn weitere Signale, manchmal ganze Signalbündel, in die gleiche Richtung gehen, können wir davon ausgehen, dass wir mit unserer Annahme, der Kunde sei nicht interessiert, richtig liegen. Zu den verschränkten Armen müsste hinzukommen, dass er keinen Blickkontakt mehr hält, auf dem Handy herumtippt oder gar seine Unterlagen zusammenpackt.

Körpersprachliche Signale, an denen Sie Gefühle erkennen können:

Jemand, der zweifelt ...
* runzelt die Stirn
* zuckt mit den Schultern
* wiegt mit dem Kopf hin und her
* hat einen fragenden Blick
* geht auf Abstand
* vermeidet den Blickkontakt
* bewegt die Hand oder beide Hände wie ein Scheibenwischer vor sich hin und her
* zieht die Mundwinkel nach unten

Jemand, der interessiert ist ...
* beugt sich nach vorne
* öffnet die Augen weit
* hört aufmerksam zu
* hält den Blickkontakt
* fragt nach
* rückt näher
* begleitet das Zuhören mit „aha, oh, mm"
* lächelt
* hat offene Handhaltung

Jemand, der kritisch ist ...
* schüttelt den Kopf
* kneift die Augen zusammen
* verschränkt die Arme vor dem Körper
* weicht dem Blickkontakt
* verschränkt die Hände hinter dem Kopf

- legt den Unterschenkel quer über das Knie des anderen Beins
- beschäftigt sich demonstrativ mit anderen Dingen
- presst die Lippen zusammen

Jemand, der gelangweilt ist ...
- gähnt
- schaut auf die Uhr
- lehnt sich zurück
- blättert in den Unterlagen
- schließt die Augen oder blickt starr
- schweift mit dem Blick ab
- beginnt Nebengespräche
- schiebt den Stuhl nach hinten

Wie auf unklare Botschaften reagieren?
Worte transportieren die Botschaften des Geistes, die Körpersprache drückt Gefühle aus. Es wäre ein großer Fehler irritierende Botschaften eines Gesprächspartners zu ignorieren und nicht darauf zu reagieren. Dies vor allem auch deshalb, weil Gefühle Kaufentscheidungen beeinflussen. Wenn Sie auf nonverbale Signale eingehen, verbessern Sie nicht nur die Kommunikation im Gesamten, sondern auch die Beziehung. Sie erfahren mehr von Ihrem Gegenüber und können gezielt darauf eingehen. Das wird Ihnen aber nur gelingen, wenn Sie von Zuschreibungen und Interpretationen absehen („Sie sind kritisch" ... „Ihnen ist das zu teuer"), sondern lediglich (wie im Beispiel oben) Ihre Beobachtung in Worte fassen oder mit Hilfe von Fragen Ihre Annahme überprüfen oder aber paraphrasieren:

- Habe ich etwas noch nicht beantwortet?
- Sind Sie damit einverstanden, dass ich fortfahre?
- Sollte ich diesen Punkt noch einmal erläutern?

- Sie scheinen mit diesem Vorgehen nicht einverstanden zu sein.
- Kann es sein, dass Sie noch nicht alles wissen, bevor Sie entscheiden?
- Kann es sein, dass Sie mit einem Punkt nicht einverstanden sind?
- Was an meinem Angebot überzeugt Sie nicht?
- Wo liegen Ihre Bedenken?
- Was müsste mein Angebot zusätzlich beinhalten?
- Ich sehe, Sie nicken. Das scheint genau das zu sein, was Sie brauchen.
- Mein Konzept scheint Sie zu überzeugen. Wollen wir nun nähere Details besprechen?

Starke Sprache

Ein erfolgreicher Verkauf ist gekoppelt an die Wahl Ihrer Worte. Wenn Sie also die Grundregeln einer starken Sprache berücksichtigen und sie mit einer stimmigen Körpersprache verbinden, verleihen Sie der Vorstellung Ihres Konzepts, Ihrem Kundengespräch Bedeutung und Überzeugungskraft.

Verwenden Sie **treffende Begriffe**, damit der Zuhörer versteht, was Sie sagen wollen. Mit Allerweltswörtern kommt es leicht zu Missverständnissen. Eine Landschaftsgärtnerin sollte zu einer Kundin nicht sagen: „Was halten Sie davon, wenn wir in diesem Beet Blumen pflanzen?" Besser ist stattdessen: „Lieben Sie alte Rosensorten? Dieses Beet wäre ein sehr guter Standort."

Mit **Adjektiven** können Sie im Kopf des Zuhörers Bilder entstehen lassen, die Emotionen auslösen. Eine Tasse Kaffee ist eine Tasse Kaffee. Doch eine Tasse voll dampfendem, duftendem Kaffee aber weckt den Durst.

Vermeiden Sie **Weichmacher** wie eventuell, vielleicht, es wäre schön, einfach, irgendwie, irgendwas, ehrlich, im Großen und Ganzen, ganz, unter Umständen, gewissermaßen, wahrscheinlich. Weichmacher haben keine Funktion im Satz, sie zu verwenden ist eine Angewohnheit. Sie verwässern die Aussage, wirken kraftlos, was besonders im beruflichen Umfeld schadet, weil man Sie als Sprecherin dann nicht ernst nimmt.

Verzichten Sie auf **Worthülsen**, denn damit überlassen Sie dem Zuhörer die Interpretation. Und dies führt fast immer zu weitergehenden Problemen. Angenommen, Sie wollen abklären, bis wann ein Kooperationspartner etwas erledigen soll, und Sie sagen „Sobald als möglich." Mit dieser schwammigen Aussage dehnen Sie den Zeitraum vermutlich weiter aus, als Ihnen lieb ist. Besser ist, ein Datum zu nennen und dieses mit dem Gesprächspartner zu vereinbaren.

Sich zu **entschuldigen**, wenn etwas schief gelaufen ist, beweist persönliche Stärke.Frauen tendieren allerdings oft dazu, sich für Dinge zu entschuldigen, für die sie gar nicht verantwortlich sind. „Es tut mir schrecklich leid, dass die Druckerei nicht pünktlich geliefert hat", wenn die Druckerei ein Zulieferer ist. Wer sich ohne Grund entschuldigt, setzt sich selbst herab und verscherzt sich so den Respekt Ihres Gegenübers.

Der **Konjunktiv** beschreibt eine Möglichkeit, nie aber ein Ziel. Mit solchen Formulierungen hält sich die Sprecherin ein Hintertürchen offen, sie steht nicht zu dem, was sie sagt. „Ich würde gerne ..." „Es könnte klappen... „ „Ich könnte es versuchen ..." „Ich fände es schön ..." „Ich könnte mir das vorstellen." Wer es ernst meint und ernst genommen möchte, vermeidet den Konjunktiv und wählt Sätze wie: „Mein Ziel ist ..." „Die Chancen stehen gut ..." „Ich plane ...",„Ich schlage vor" „Ich werde ..."

Wer Frauen zuhört, wie sie ihren beruflichen Weg, ihre Selbständigkeit beschreiben, kann sich oft nur die Augen reiben, wie die Sprecherinnen **sich selbst klein machen.** „Ich habe zufällig von diesem Projekt erfahren, ich bin dann so da reingerutscht, die haben mich genommen ... ich hatte Glück ... „Die Selbständigkeit hat sich so ergeben ... „ heißt es dann. Kein Wort von eigener Initiative, von Kompetenz und Zielstrebigkeit. So habe ich es sogar bei einem fachlichen Vortrag erlebt, dass die Rednerin „vergaß" zu erwähnen, dass sie Rechtsanwältin ist.

Verzichten Sie auf das **verallgemeinernde Wir**, wenn es um das Ergebnis Ihrer persönlichen Arbeit geht. Allzu oft sprechen Frauen in der Wir-Form, weil es ihrem Teamgedanken entspricht. Der eigenen Karriere, dem eigenen professionellen Ansehen aber schaden diese Aussagen, denn klappern gehört zum Handwerk. Nicht „Wir haben die Idee gehabt für den neuen Messestand.", sondern „Ich freue mich, dass Ihnen meine Idee für den neuen Messestand zusagt."

Wer verstanden werden will, sollte **Fachsprache** nur bei Fachpublikum verwenden. In diesen Situationen ist die gemeinsame Sprache das Bindeglied zwischen den Experten und deshalb richtig und am Platz. In allen anderen Fällen gehört es zum guten Ton, das Fachchinesisch zu vermeiden und so zu sprechen, damit alle es verstehen. Auch Wortungetüme tragen nicht zur Verständigung bei wie z.B. Steuerbegünstigungsabbaugesetz, Jahresarbeitsentgeltgrenze.

Auch in der so unpersönlichen Verwaltungssprache geht es einfacher: „ ... um Beachtung wird gebeten" ... „bitte beachten Sie."

Vor allem Frauen tun sich schwer damit, **zu sagen, was sie wollen.** Lieber sagen sie, was sie nicht wollen. „Ich möchte auf keinen Fall, dass Sie das vergessen." statt: Bitte denken Sie daran, dass ..." Oder: „Ich bin nicht dafür, dass wir diesen Plan umsetzen." statt „Ich bin dafür, diesen Plan zu streichen." Auch hier geht es wieder darum, Verantwortung für die eigenen Ideen und Vorschläge zu übernehmen. Im anderen Fall wird im Ohr des Angesprochenen genau das hängen bleiben, was **nicht** der Fall sein soll.

Mit **positiven Wendungen** ist es leicht, einen Kontakt zum Gesprächspartner herzustellen und für ein gutes Gesprächsklima zu sorgen. Negative Sätze bauen eine Distanz auf, sie verbreiten Missstimmung. Im Alltag hört sich das dann so an: „Dafür bin ich nicht zuständig.", „Ich kann Sie leider nicht mit Herrn X verbinden.", „Im Augenblick ist keine Leitung frei." Sehr viel besser sind die folgenden Formulierungen: „Ich will sehen, was ich für Sie tun kann." „Ich bin sicher, wir finden einen Weg." „Heute Nachmittag ist Herr X zu erreichen.", „Die nächste freie Leitung ist für Sie." , „Ich kann mich morgen darum kümmern."

Ganz gleich, ob als Beschreibung der eigenen Arbeit oder als Reaktion auf ein Kompliment: **Falsche Bescheidenheit** führt dazu, sein Licht unter den Scheffel zu stellen und die eigene Leistung herabzuwürdigen. „Das war ganz schnell gemacht.", „Das war ganz leicht." Wie könnten Sie da Anerkennung von anderen erwarten? Und angemessene Bezahlung schon gar nicht.

Wer ernst genommen werden möchte, sollte **sich selbst nicht klein** machen. Beispiele dafür gibt es im Alltag genug: „Ich bin mir da nicht ganz sicher." „Ich kenne mich da nicht so genau aus.", „Ich bin zwar keine Expertin." „Es fiel mir nur gerade so ein." Das Harmoniebedürfnis von Frauen führt zu solchen Sätzen, doch der Preis ist hoch.

Die Stimme spricht Bände
Wie wir gesehen haben, spielen die Worte, der Inhalt unserer Kommunikation, eine große Rolle. Doch hat das **Wie** ebenfalls bedeutenden Einfluss. Ob Sie jemanden überzeugen, liegt auch an Ihrer Stimme. Richtig eingesetzt bringt sie Menschen dazu, Ihnen zuzuhören, die Bedeutung Ihrer Worte so zu verstehen, wie Sie es beabsichtigen, und Ihre Botschaft wirklich aufzunehmen. Stimme und Stimmung, das gehören zusammen. Das steht in Verbindung mit dem, wie wohl Sie sich fühlen in Ihrer Haut und auch, was Sie von Ihrer Dienstleistung, Ihrem Produkt halten. Wenn Sie voll und ganz hinter dem stehen, was Sie anzubieten haben, bringen Sie das mit Ihrer Stimme zum Ausdruck. Je überzeugter Sie sind, desto mehr variiert Ihre Stimme: Sie wird mal laut, mal leiser, mal schneller, mal langsamer oder sie betont einzelne Worte. Wenn Sie nicht dahinter stehen, bleibt Ihre Stimme monoton. Mit Monotonie erreichen Sie niemanden. Überzeugen können Sie so noch weniger.

Dem Zuhörer wird es schwer fallen, Ihnen zu folgen, seine Gedanken werden abschweifen. Sie holen ihn nicht ab. Nur wenn Sie selbst überzeugt sind, können Sie andere überzeugen.

Wenn Sie der Meinung sind, Sie steckten gerade in einer Krise, Sie brauchen den Auftrag unbedingt, Ihr Produkt ist nicht so gut verarbeitet, wird Ihre Stimme gedämpft sein und nicht überzeugen. Dann holen Sie niemanden hinter dem Ofen vor. Wenn Sie bei einer Kundenpräsentation sehr leise sprechen, nuscheln oder den Kopf senken, den Kunden nicht anschauen, dann wird er nicht glauben können, dass Sie selbst von Ihrem Angebot überzeugt sind. Zur Erinnerung: Alle Signale, die von Ihnen ausgehen, müssen die gleiche Botschaft haben müssen. Nur dann sind Sie authentisch. Sie haben zwei Hebel, die Wirkung Ihrer Stimme zu beeinflussen:

Der erste Hebel:
Ihre innere Einstellung
Bringen Sie sich vor einem Kundengespräch, einer Präsentation vor dem Kunden in eine gute Stimmung. Furchtsame Gedanken, die Vorstellung, dass Sie diesen Auftrag ganz dringend brauchen, sind Gift für die Stimme. Malen Sie sich stattdessen, wie schon in Kapitel 9 vorgeschlagen, vor Ihrem inneren Auge aus, wie es Ihnen gelingt, das Angebot ins rechte Licht zu rücken, wie Sie souverän auf Fragen antworten. Stellen Sie sich die interessierte Haltung Ihres Interessenten Kunden. Freuen Sie sich auf das Gespräch. Rechnen Sie mit einem positiven Gesprächsverlauf und gehen Sie davon aus, den Kunden überzeugen zu können.

Die positive innere Einstellung wirkt sich auf den Klang der Stimme aus. Sie wirken mitreißend und begeisternd. Sie zweifeln, dass Sie das können? Dann hören Sie sich doch einmal zu, wenn Sie Freunden von einem tollen Film, einer neuer Kneipe oder Ihrem besten Urlaubserlebnis erzählen. Meistens trauen wir uns nur nicht, die Fähigkeit, die wir im Privaten haben, im Beruflichen einzusetzen. Wir glauben, cool sein zu müssen, reduzieren den Ausdruck unserer Gefühle. Doch das Sprichwort heißt: „In dir muss brennen, was du in anderen anzünden willst." Zeigen Sie also die Freude an Ihrem Angebot, damit der Funke auf den Kunden überspringen kann.

Der zweite Hebel:
Entspannter Körper und lockere Stimmbänder
Der Klang der Stimme wird auch beeinflusst von Ihrer Körperhaltung und davon, ob es Ihnen gelingt, Anspannungen, vor allem im Schulterbereich und im Kiefer, abzubauen. Denn jede Anspannung und jede Verspannung spiegelt sich in der Stimme wider. Die folgenden Übungen helfen Ihnen, die nötige Entspannung herbeizuführen. Machen Sie sie also regelmäßig, auf jeden Fall aber vor einer Kundenpräsentation. Die Fahrt im Auto dorthin ist bestens dafür geeignet.

9. Übung: Die Stimme aktivieren
- Atmen Sie tief durch. Spüren Sie, wie der Atem beim Einatmen bis in die Lungenspitzen fließt und Ihre Flanken ausdehnt.

- Lockern Sie die Schultern. Ziehen Sie sie nach oben bis zu den Ohren und lassen Sie sie wieder fallen.

- Brummen und summen Sie, schnauben Sie wie ein Pferd, singen Sie ein fröhliches Lied.
- Lassen Sie den Atem aus Mund und Nase wieder ausströmen. Forcieren nichts, behalten Sie Ihren normalen Rhythmus bei.

- Lockern Sie den Kiefer. Malmen Sie, stellen Sie sich vor, Sie kauen Nüsse oder eine Mohrrübe. Öffnen Sie den Mund weit, schieben Sie Unter- und Oberkiefer seitlich gegeneinander, gähnen Sie, lachen Sie laut.

143

Nach diesen Übungen wird Ihre Stimme ausdrucksvoller und klarer klingen. Sie wird es auch bleiben, wenn Sie sich während des Gesprächs aufrecht hinsetzen und die Schultern nicht nach oben ziehen. Kontrollieren Sie Ihre Haltung regelmäßig. So wird sie mehr und mehr zur Gewohnheit wird.

Präsenz und Überzeugungskraft steigern

Gehen Sie mit der Stimme am Ende des Satzes nach unten. Diese Betonung steht für einen Standpunkt. Gehen Sie mit der Stimme nach oben, suggeriert dies eine Frage oder wird mit der Bedeutung gehört: „Ich weiß nicht, wovon ich spreche. Hören Sie mir am besten gar nicht zu."

Besonders Frauen neigen dazu, ihre Stimme am Ende des Satzes anzuheben. Dies nicht, um ihre Aussage zu einer Frage zu machen, oder weil sie unsicher sind, sondern um das Gegenüber zu einem Gespräch anzuregen. Das erreichen Sie besser auf einem anderen Weg. Sie bleiben bei Ihrer Aussage und fügen anschließend den Satz dazu: „Wie sehen Sie das?" So wirken Sie souverän und werden doch etwas über den Standpunkt Ihres Gesprächspartners erfahren.

Nehmen Sie sich Zeit zum Sprechen. Wer zu schnell spricht, verwischt die Bedeutung seiner Worte, überfordert die Zuhörer, so dass diese abschalten. Sie senden so das Signal: „Ich bin ganz schnell fertig, brauche nicht viel Zeit. So wichtig ist es auch nicht." Oft leiten Frauen ihre Gesprächsbeiträge ein mit den Worten „Ich möchte nur schnell ...". Sie machen sich damit selbst klein. Selbstbewusste Menschen gestehen sich Raum zu und Zeit, ohne die Grenzen zu sprengen und andere einzuschränken.

Vermeiden Sie Füllsel wie „äh" oder „ähm". Sie werden oft benutzt, um keine Stille eintreten zu lassen oder aus Angst, unterbrochen zu werden. Lernen Sie, diese Füllsel zu tilgen, und eignen Sie sich stattdessen wirksame Strategien an, mit Unterbrechungen umzugehen, indem Sie z.B. einen Schluck trinken.

Machen Sie Pausen. Pausen unterstreichen die Aussagekraft und die Glaubwürdigkeit Ihrer Worte. Pausen sind wichtig. Setzen Sie sie gezielt ein:

- bevor Sie zu sprechen beginnen
- vor und nach wichtigen Punkten
- um einem Begriff, einem Ausdruck Bedeutung zu verleihen
- immer wenn Sie den Impuls haben, Äh oder Ähm zu sagen
- wenn Sie eine neue Folie projizieren oder Unterlagen vorlegen, um dem Interessenten Gelegenheit zu geben, sie zu lesen
- wenn man Ihnen eine Frage stellt. So gewinnen Sie Zeit für eine Antwort. Am besten mit dem Zusatz „Lassen Sie mich einen Moment nachdenken."

11. Der konkrete Gesprächsverlauf

Die Ausgangssituation
Die nächsten drei Punkte lassen sich oft schon im Vorfeld klären. Das wäre das Beste, denn die Antworten haben Einfluss darauf, wie ausführlich Sie Ihre Dienstleistung vorstellen.

Wer trifft die Entscheidung?
Je umfangreicher der Auftrag ist, desto wichtiger ist die Frage: Wer trifft die Entscheidung? Fragen Sie deshalb danach: Wie werden Entscheidungen in Ihrer Firma getroffen? Wer muss mit im Boot sein? Nicht immer ist dies der direkte Gesprächspartner, möglicherweise wird er die Informationen nur weitergeben. In diesem Fall brauchen Sie aussagekräftige Unterlagen. Denn nur dann ist gewährleistet, dass das, was Sie gesagt haben, auch in Ihrem Sinne beim Entscheider ankommt.

Gibt es jetzt die Bereitschaft zum Handeln?
Nicht jeder, der ein Problem hat, will es sofort beheben (lassen). Häufig fragen Kunden nur aus Interesse, um Preise zu vergleichen, und auch, um zu prüfen, ob ein Projekt für sie überhaupt machbar ist. Gibt es keine Handlungsbereitschaft, können Sie das Gespräch kurz halten. So sparen Sie Ihre eigene Zeit und die des Interessenten. Klarheit be-

kommen Sie nur, wenn Sie nachhaken und konkretisieren: „Sie haben also vor, das Dachgeschoß auszubauen. Wann möchten Sie das in Angriff nehmen? Wissen Sie, dass es für ein solches Projekt Fördermittel gibt? Haben Sie schon einen Antrag gestellt? Denn vorher können wir nicht beginnen."

In diesem Fall umreißen Sie das Thema und zeigen mögliche Problemlösungen auf. Sie lassen Ihre Unterlagen da. Wenn Sie hören, dass man die Sache in einem halben Jahr oder einem Jahr angehen möchte, dann nehmen Sie dann nochmals oder auch schon zwischendurch Kontakt auf und bleiben auf jeden Fall in guter Erinnerung.

Häufig, gerade bei ungewöhnlichen und neuen Themen wollen Gesprächspartner besonders gerne hören, was Sie zu bieten haben, ohne jedoch überhaupt einen Auftrag vergeben zu wollen. Einige meiner Klientinnen mussten das erfahren. Ihre Gespräche dienten lediglich der Weiterbildung der Personalchefs.

Braucht es ein Angebot?
Bieten Sie nicht von sich aus an, ein Angebot zu erstellen. Je nach Umfang des Auftrags oder auch, weil Sie schon eine Weile zusammenarbeiten, kann es durchaus sein, dass Sie den Zuschlag auch ohne ein solches bekommen. Doch nur mit einer mündlichen Zusage sollten Sie nicht starten. Fassen Sie bereits während des Gesprächs die Auftragsdetails zusammen und schicken Sie Ihre Mitschrift dem Kunden zu. Nur so haben Sie bei eventuell aufkommenden Problemen eine Grundlage, um den Auftrag entsprechend den Kundenwünschen zu bearbeiten und die nötige Sicherheit, sollte es zu Problemen kommen.

Der Gesprächseinstieg - Der Small Talk

Jedes Gespräch braucht ein paar Sätze vorne weg. Wir Deutsche sind bekannt dafür, dass wir sofort mit der Tür ins Haus fallen und auf unser Anliegen zu sprechen kommen. Das ist unter Landsleuten nicht der beste Weg und bei ausländischen Gesprächspartnern eine Vorgehensweise, die zum Scheitern verurteilt ist. Der Small Talk ist der Einstieg, bevor es zum eigentlichen Thema geht. Damit bereiten Sie den Boden vor, stellen den persönlichen Kontakt her. Das ist besonders wichtig, wenn Sie jemanden neu kennenlernen. Denn so finden Sie heraus, wie Sie gut miteinander reden können, und lernen die Art des Gegenübers verstehen. Erinnern Sie sich z.B., wie der Kontakt zu Ihrem Gesprächspartner oder seine Firma zustande gekommen ist. War es eine telefonische Anfrage, war es ein Messebesuch oder eine Empfehlung? Haben Sie sich über Netzwerke kennengelernt oder im privaten Umfeld?

Der Small Talk ist allerdings zeitlich begrenzt. Tauschen Sie sich nicht ausführlich über den privaten Anlass oder Ihre Messeerfahrungen aus, sondern kommen Sie nach einigen Sätzen zügig zum Punkt.

Die Regie übernehmen

Wann immer möglich, übernehmen Sie die Regie des Gesprächs. Nur so haben Sie die Chance, Ihre Fragen zu platzieren und den Nutzen Ihres Angebots entsprechend darzustellen. „Wenn es Ihnen recht ist, möchte ich zuerst einige Fragen stellen, um genau zu hören, was Sie brauchen." Der Kunde wird sich abgeholt und ernst genommen fühlen.

Kündigen Sie zu Beginn des Gesprächs an, dass Sie mitschreiben werden. Sie signalisieren so Ihr Interesse an den Belangen des Kunden und können auf seine Antworten eingehen. Notieren Sie auch Fragen und Stichworte, die Ihnen selbst einfallen, um darauf einzugehen, wenn der Kunde mit seinen Ausführungen fertig ist.

Den Fragenkoffer öffnen
Anhand Ihrer Vorbereitungen wird es Ihnen leicht fallen, mehr über die Bedürfnisse Ihres Kunden zu erfahren. Werden Sie dabei so konkret wie möglich und paraphrasieren Sie, um sicher zu stellen, ob Sie verstanden haben, was er möchte und worauf er Wert legt. Fragen Sie nach, wenn etwas unklar ist. Gehen Sie nie davon aus, Sie wüssten schon, was gemeint ist.

Ihr Argumentenkoffer
In dieser Phase gehen Sie nun Schritt für Schritt genau auf die Punkte ein, die Sie von Ihrem Gesprächspartner gehört haben. Sie haben in Ihrer Vorbereitung die überzeugenden Argumente gefunden. Nun greifen Sie nur dienigen heraus, die sich auf die Anfrage, das Problem des Kunden beziehen und stellen den Nutzen Ihres Angebots in den Vordergrund. Untermauern können Sie Ihre Argumentation mit Beispielen zufriedener Kunden. Wählen Sie aus. Am Ende fassen Sie den Gesprächsverlauf in wenigen Sätzen zusammen.

Den Auftrag holen
Nun haben Sie alles präsentiert, alles ist gesagt, alles ist gefragt ... und dann? Es entsteht eine Stille. Vermutlich werden Sie unruhig und überlegen, ob etwas fehlt, ob Sie den Kunden überzeugen konnten. Diese Unsicherheit bringt Sie vielleicht dazu, noch einmal alle Vorzüge Ihres Angebots aufzuzählen. Tun Sie das nicht! Es wäre ein Fehler, der Sie möglicherweise in letzter Minute den Auftrag kostet. Denn Sie haben alles angesprochen und wenn Sie jetzt

noch einmal loslegen und wiederholen, ist die Wahrscheinlichkeit groß, dass der Kunde Abstand nimmt.

Holen Sie sich jetzt den Auftrag. Sagen Sie dem Kunden also, was in Ihren Augen der nächste Schritt ist. Warten Sie nicht. Zeigen Sie den Weg auf, wie der Auftrag aus Ihrer Sicht abgewickelt werden kann, und holen Sie sein Einverständnis ein. „Wenn Sie jetzt keine Fragen mehr haben, wäre jetzt der Zeitpunkt, eine konkrete Vereinbarung zu treffen. Sind Sie damit einverstanden?" Sie könnten z.B. die Frage nach dem Starttermin klären, Lieferdetails besprechen oder fragen, bis wann der Kunde notwendige Unterlagen zur Weiterarbeit zur Verfügung stellen wird.

Mit einem anderen Satz lässt sich der Abschluss ebenfalls ansteuern: „Wir sind uns also einig darin, dass wir ins Geschäft kommen und haben beschlossen, uns in 14 Tagen wieder treffen, um die genaueren Konditionen bzgl. Preis und Lieferdaten auszuhandeln. Jeder von uns wird bis dahin seine möglichen Vorstellungen ausarbeiten." Oder etwas zurückhaltender: „Wenn das für Sie jetzt interessant klingt, was wären dann aus Ihrer Sicht die nächsten Schritte?"

Wenn Sie in dieser Phase den Auftrag schon bekommen, ist jetzt der richtige Zeitpunkt, Zusatzangebote ins Spiel zu bringen. Etwas, was den Nutzen Ihrer Arbeit noch steigert. Etwas, was Sie nur Bestandskunden anbieten, oder ein besonderes Schmankerl für Neukunden. Das erwähnen Sie dann genauso.

Manch einer Ihrer Gesprächspartner aber scheut sich, Ihnen eine Absage zu erteilen und hält Sie hin. Das kann bedeuten, dass Sie in einer ewigen Warteschleife hängen, immer wieder anrufen und vertröstet werden, was Sie Zeit und vor allem Energie kostet. Die Voraussetzung, dennoch zu einem klaren Ergebnis zu kommen, ist Ihre Zielformulierung in der Vorbereitung für die Zusammenkunft. Und eine klare Formulierung auf Ihrer Seite. Eine abschlägige Antwort, ein Nein, mag im ersten Augenblick sehr enttäuschend sein, doch bewahrt sie Sie vor einer fortdauernden Frustration. Investieren Sie stattdessen Ihre Zeit in neue Verkaufsgespräche. Sich innerlich darauf einzustellen, dass ein Kunde möglicherweise nicht kaufen will, sorgt dafür, dass Sie dieses Nein nicht zu sehr trifft und demotiviert.

Wollen Sie allerdings noch an der Sache dranbleiben und sollte sich bei der Bedarfsanalyse noch kein absolutes Nein herauskristallisiert haben, dann versuchen Sie durch Fragen mehr über die Ablehnung zu erfahren. Fragen Sie:

Können Sie noch nicht entscheiden, weil ...
* ... der Preis zu hoch ist?
* ... Sie noch nicht alle Details kennen?
* ... Sie erst noch Rücksprache halten müssen?
* ... Sie die personellen Ressourcen nicht haben?
* ... der Zeitpunkt nicht der richtige ist?

Den Preis verhandeln
Sie sind mit Ihren finanziellen Zielen in ein Treffen gegangen und hoffen natürlich, das Maximalziel zu erreichen. Doch nicht immer ist das zu schaffen. Das Minimalziel aber wäre nicht nichts. Schlagen Sie ein zweites Treffen vor. Sie wissen nun konkreter, was Ihr Interessent sich wünscht. Die Chancen, mit einem neuen Angebot doch noch den Auftrag zu bekommen, liegen gut. Nutzen Sie diese Chance. Kommt es zu keiner Vereinbarung, lohnt es sich nachzufragen, um mehr über die Gründe zu erfahren

und daraus zu lernen. Sie werden vermutlich nicht immer ehrliche Antworten bekommen, doch ein Versuch ist es auf jeden Fall wert.

Häufig wird der Preis als ausschlaggebend genannt. Sie haben nun alle Möglichkeiten ausgeschöpft, dem Kunden entgegenzukommen und doch ist da seinerseits noch Zögern oder aber die Erwartung, es noch billiger zu bekommen. Machen Sie keine Zugeständnisse, über die Sie sich hinterher ärgern, oder was noch schlimmer ist, gehen Sie keine Vereinbarungen ein, mit denen Sie finanziell nicht über die Runden kommen. Eine tragfähige Beziehung besteht aus Geben und Nehmen. Sie liefern gute Arbeit für ein gutes und angemessenes Honorar.

Vielleicht werden Sie in dieser Phase des Gesprächs auch gefragt, ob Sie in einem ausführlichen Konzept darlegen können, wie Sie an das Problem herangehen würden. Natürlich möchten Sie gerne ihre Kompetenz zeigen, doch überlegen Sie sich gut, zu welchen Konditionen Sie das tun. Denn nicht selten kommt es vor, dass der Auftraggeber ein Konzept mit den Worten „Sie hören wieder von uns." dankend in Empfang nimmt und es dann aber von eigenen Mitarbeitern umsetzen lässt. Sie haben nur die Vorlage geliefert, Sie selbst aber sind aus dem Spiel.

Das heißt nicht, dass Sie auf eine solche Anfrage nicht eingehen können, doch sollten Sie einen Unterschied machen und das deutlich sagen. Führt Ihre Vorlage zu einem Auftrag, gehört sie dazu. Entfällt der Auftrag, wird das Konzept zu einem Preis X berechnet. Nur so können Sie verhindern, dass Sie Ihre Zeit investieren, aber keinen Umsatz machen. Ähnlich verhält es sich mit dem Ansinnen des kostenlosen

Probearbeitens. In manchen Branchen ist es üblich, bei Dienstleisterinnen anzufragen, ob sie bereit wären, einen Vortrag zu halten, einen Workshop anzubieten oder einen Artikel zu schreiben. Als Gegenleistung könne man dadurch Werbung für sich selbst machen und natürlich auch eigene Kunden gewinnen. In den meisten Fällen allerdings geht diese Rechnung nicht auf. Das kann ich aus meiner langen Erfahrung sagen. Bekanntheit lässt sich mit kostenlosem Arbeiten vielleicht erreichen, Folgeaufträge in der Regel nicht. Andererseits wird es nicht zu einem professionellen Image beitragen, wenn Sie für „lau", also ohne Honorar, arbeiten. Auch so etwas spricht sich herum und zieht Kreise. Wenn Sie sich allerdings wohl fühlen bei dem Gedanken, erst einmal kostenfrei oder zu einem niedrigen Sonderpreis in Vorleistung zu gehen, um sich zu beweisen, dann ist das auch in Ordnung. Stecken Sie aber in diesem Fall klare Grenzen, wozu Sie jetzt und in Zukunft bereit sind.

Festpreisangebote richtig berechnen
Mit einem Festpreis ist der Kunde auf der sicheren Seite, er weiß, was er am Ende bezahlen muss. Für Sie als Dienstleisterin mag das unter Umständen nicht gut ausgehen, weil Sie den Zeitaufwand zu gering geschätzt haben. Es ist verlockend, knapp zu kalkulieren, um den Zuschlag zu bekommen, doch kann das bedeuten, dass Sie weitaus mehr für Ihr Honorar arbeiten müssen als angesetzt. Statt mit einem Stundensatz abzurechnen könnten Sie Ihren Tagessatz ansetzen, was Ihnen in der Regel einen Puffer gibt. Wenn Sie hier etwas großzügiger rechnen, den definierten Zeitrahmen dann aber gar nicht ausschöpfen müssen, darf sich der Kunde über einen geringeren Endpreis freuen und Sie erhalten ein angemessenes Honorar.

Problematisch wird es, wenn bei einem Festpreisangebot immer wieder Änderungswünsche vom Kunden kommen. Das ist besonders bei Kreativen der Fall: Hier ein Bild austauschen, dort den Text kürzen oder doch am besten gleich selbst erstellen, oder womöglich die ganze Struktur einer Website ändern. Ergänzen Sie deshalb Ihr Pauschalangebot mit dem Passus, dass Änderungswünsche getrennt berechnet werden, und nennen dafür Ihren Stundensatz. Kündigen Sie bei Ihrem Auftraggeber an, wie lange Sie voraussichtlich für diese Änderung brauchen werden und holen Sie sein Einverständnis, bevor Sie beginnen. Dann notieren Sie alles, was Sie an zusätzlichen Aufgaben tun mussten und wie lange Sie dafür gebraucht haben. So lassen sich Änderungswünsche höchstwahrscheinlich reduzieren und bleiben nicht kostenlos. Legen Sie bei längeren Projekten diese Extrarechnung auf jeden Fall auch zwischendurch vor.

Bedanken

Es gehört zum guten Ton, sich nach einem Gespräch bei den Beteiligten zu bedanken. Das fällt dann besonders leicht, wenn man gesetzte Ziele erreicht hat. Aber auch, wenn dies nicht der Fall ist, darf ein freundliches Dankeschön nicht fehlen. Der Gesprächspartner hat sich Zeit genommen, die Diskussion verlief vielleicht in einer besonders wertschätzenden Atmosphäre, es gibt Aussicht auf einen weiteren Termin. Gründe genug, dies in einem Dank auszusprechen.

Zu guter Letzt:

Herzlichen Glückwunsch! Sie sind sich einig geworden. Jetzt ist an Ihnen, wie vereinbart gute Arbeit zu leisten und pünktlich zu liefern.

12. Nach dem Verkauf ist vor dem Verkauf

Unabhängig davon, wie das Verkaufsgespräch verlaufen ist, sollten Sie danach nicht einfach zur Tagesordnung übergehen, sondern stattdessen gedanklich noch einmal durch die einzelnen Phasen gehen und das Erreichte mit Ihren Zielen vergleichen. Sind Sie zufrieden? Was führte letztlich zum Erfolg? Oder sind Sie hinter Ihren Erwartungen und Hoffnungen zurückgeblieben? Notieren Sie Ihre Beobachtungen und überlegen Sie sich Handlungsalternativen dazu. Was könnten Sie beim nächsten Gespräch ausprobieren? Wodurch könnte es besser werden? Doch denken Sie daran, dass Sie den Gesprächspartner als Person nicht werden verändern können. Ihr Verhalten aber, Ihre Vorbereitung und Ihre Strategie haben Einfluss darauf, welche Resonanz Sie bekommen.

So kann es sein, dass Sie einen unglücklichen Termin gewählt haben, Ihre Fragen nicht zielführend waren, der Gesprächspartner keine Entscheidungskompetenz hatte oder Ihre Unterlagen nicht überzeugten. Gehen Sie alle Punkte durch und nehmen Sie notwendige Änderungen vor.

Sie haben den Auftrag (noch) nicht erhalten, aber mehr über die Anliegen und Wünsche des Interessenten erfahren? Dann lohnt sich eventuell ein Nachfassen. Überarbeiten Sie Ihr Konzept, passen Sie es an und fragen nach einem neuerlichen Termin, indem Sie herausheben, warum sich für den potentiellen Kunden ein zweites Treffen doch lohnen könnte. Fragen Sie auch nach, wie Sie dazu beitragen können, damit es doch noch zu einer positiven Entscheidung kommen kann. Das könnte sein, dass Sie Aufgaben zusätzlich übernehmen, für die ursprünglich ein Mitarbeiter des Unternehmens zuständig gewesen wäre, oder dass Sie dem Entscheider persönlich Rede und Antwort stehen. Sollte der Preis der Hinderungsgrund sein, dann schlagen Sie Teilbereiche oder wichtige Vorarbeiten, vom Gesamtprojekt abzukoppeln und mit denen man bereits „klein anfangen" kann.

Sie haben den Zuschlag bekommen, doch die Sache kommt nicht in Gang? Statt abzuwarten, haken Sie nach, um die Gründe dafür zu erfahren. Sie werden vielleicht hören, dass das Projekt verschoben wurde, dass man das Budget anderweitig eingeplant hat oder aber die Person, die die Texte liefern sollte, längerfristig krank ist.

Mit klaren Antworten gewinnen Sie Zeit, die Sie für einen anderen Auftrag einsetzen können, und warten nicht vergeblich. Im positiven Fall, wenn also der Auftrag abgewickelt ist, vergessen Sie nicht, sich ein Feedback einzuholen. Kein allgemeines, sondern nach Möglichkeit ein detailliertes. Was genau hat dem Kunden besonders gefallen? Was hat ihn überrascht? Welche Stärken erkennt er in Ihnen? Fragen Sie auch, ob Sie seine Worte auf Ihrer Website oder im Kundengespräch zitieren und dabei seinen Namen nennen dürfen. Idealerweise ist er auch bereit, dass Sie sein Foto verwenden, was der Referenz, dem Testimonial, einen besonderen Wert gibt. Diese Testimonials fügen Sie auf Ihrer Website ein. Auch in den Sozialen Netzwerken können Sie sie verwenden.

Ein zweiter Aspekt des Auswertungsgesprächs ist, nach möglichen Empfehlungen zu fragen. Ein zufriedener Kunde wird hier gerne einwilligen und Ihnen die eine oder andere Tür öffnen. Für den Erstkontakt mit diesem Neukunden ist die Empfehlung ein guter Einstieg.

Feiern
Ganz gleich, an welchem Punkt Sie heute stehen, eines sollten Sie nicht vergessen: Das Feiern. Auch wenn Sie heute noch keinen großen Auftrag an Land gezogen haben, sondern sich „nur" getraut haben, ein erstes richtiges Verkaufsgespräch zu führen, ist dies ein Grund, sich selbst auf die Schulter zu klopfen. Denn den Erfolg sehen Sie nicht, wenn Sie ständig nur auf das Ziel schauen, sondern vor allem, wenn Sie zurückblicken: Wo standen Sie vor einem halben Jahr, einem Monat, einer Woche? Sie haben dazu gelernt, haben Schritte getan, sind auf dem Weg. Wenn Sie diesen kontinuierlich weitergehen, werden Sie wachsen und Ihr Unternehmen mit Ihnen

Ursula Kraemer Mag. rer. soc.
ist als Gründungs- und Businesscoach online ind offline
selbständig tätig. Mit Einzelcoaching, Coachingprogram-
men und Workshops unterstützt sie Gründerinnen und
solche, die werden wollen, wie auch Jungunternehmerin-
nenm beim Aufbau und Ausbau ihres Unternehmens. Ihre
Themen im Businesscoaching sind Selbstorganisation,
Kommunikation, Kooperation und Konfliktmanagement.
www.navigo-coaching.de

Ursula Kraemer ist auch zu finden auf Facebook https://
www.facebook.com/ursulakraemercoach und auf ihrem
YouTube-Kanal https://www.youtube.com/user/sbw11fb

Anne Bremer
ist selbständige Webdesignerin. Sie erstellt individuell ab-
gestimmte, suchmaschinenoptimierte Websites für Einzel-
unternehmerinnen und kleine Unternehmen mit WordPress.
Ein weiterer Schwerpunkt ihrer Arbeit ist die Suchmaschinenoptimierung. Hierfür und für Google My Business bietet sie Onlinekurse für Einsteiger und Fortgeschrittene an.
www. Anne.Bremer.de

Beatrice Madach
ist Video-Coach für Solopreneure und gelernte Filmema-
cherin. Sie zeigt ihren Kundinnen, wie sie hochwertige
Videos von sich selber machen und damit online mehr
Reichweite aufbauen und neue Kunden gewinnen.
www.beatricemadach.com

13. Anhang und Verweise

1 Wie du deine Positionierung findest, Video Ursula Kraemer, https://youtu.be/C64hs8fRX-Y

2 www.e-recht24.de richtet sich an:
Unternehmen, die im Bereich Internet und neue Medien präsent sind Webexperten, die Ihre Kenntnisse im Internetrecht ausbauen wollen private Nutzer des Internet Kostenlose und kostenpflichtige Datenschutzverordnungen

3 Suchmaschinenoptimierung und Google My Business, Videointerview mit Anne Bremer:
https://youtu.be/6K6bzeBaoYw

4 Videos erstellen für die eigene Website
Videointerview mit Beatrice Madach:
https://youtu.be/kmz-h9wldR0

5 Ursula Kraemer Aufbruch zu neuen Ufern -
Gut vorbereitet in den Ruhestand,
ISBN 978 - 374 – 483 - 6135

6 Harvard Business Manager:
https://www.manager-magazin.de/harvard/fuehrung/
frauen-im-management-woran-die-karrieren-von-frauen-scheitern-a-00000000-0002-0001-0000-000111763105

7 Netzwerken - Fähigkeit Nr. 1: Auf andere zugehen können

https://selbstbewusst-werden.info/selbstsicherheit/
netzwerkfahigkeit-nr-1-auf-andere-zugehen-koen-
nenn-sie-mit-anderen-leicht-in-kontakt.html

8 5 Fehler beim Aufbau eines Netzwerks

https://selbstbewusst-werden.info/kommunikation/feh-
ler-beim-aufbau-eines-netzwerks.html

9 Wie du deinen Stundensatz errechnest

Video Ursula Kraemer: https://youtu.be/qjq8_UF0W7Y

Weitere Bücher der Autorin

Ich entscheide mich. Jetzt. -
Wie Sie zu guten Lösungen kommen

Unsere moderne Zeit bietet unendlich viele Möglichkeiten. Im alltäglichen Leben ist es schön, aussuchen zu können, doch wenn mit einer Wahl weitreichende Konsequenzen oder gar eine unumkehrbare Weichenstellung verbunden ist, steigt der Druck, den richtigen Entschluss zu treffen.

Mit Hilfe dieses Arbeitsbuchs werden Sie in der Lage sein, eine für Sie stimmige und zufriedenstellende Entscheidung zu treffen, weil Sie wissen, wie Ihre konkrete Entscheidungsfrage lautet, welche Optionen Ihnen zur Verfügung stehen und nach welchen Kriterien Sie diese bewerten und auswählen. Ein Entscheidungspfad leitet Sie durch alle Phasen des Entscheidungsprozesses.

136 Seiten,
BoD Norderstedt 2018
ISBN 978-374-602-6053
Paperback

Erhältlich in allen Buchhandlungen in Deutschland, Österreich, der Schweiz, in Onlineshops und bei BoD, Norderstedt

Nimm dein Leben in die Hand

Wer Veränderung möchte, darf nicht sich nicht auf ausgetretenen Pfaden bewegen, sondern wird mutig Neues ausprobieren, Chancen ergreifen, die sich bieten und Gelegenheiten schaffen, wo noch keine sind.

Ursula Kraemer schildert ihren Weg, der sie über etliche Stationen schließlich zu ihrer Berufung führte: Sie wurde Coach, machte sich selbständig und schaffte den Spagat zwischen erfolgreicher Arbeit, Zeit für ihre Kinder und persönlichen Hobbys.

Begleiten Sie die Autorin und lassen Sie sich anregen, Ihren eigenen Weg zu finden.

236 Seiten
BoD Norderstedt 2018
ISBN 9783752880625
Paperback oder eBook

Erhältlich BoD Norderstedt, in allen lokalen Buchhandlungen in Deutschland, Österreich, Schweiz und in Onlineshops

Kein Jahr wie das andere - Leben wie ich es will
Ein Reinschreibbuch zum Selbstcoaching

Ein Buch mit vielen Fragen und reichlich Raum für Notizen für alle, die eine größere Zufriedenheit und Erfüllung in ihrem Leben finden möchten. Der Leser/die Leserin wird angeregt, sich klar zu werden über die augenblickliche Situation in den verschiedenen Lebensbereichen und zu erkennen, mit welchen (kleinen) Veränderungen mehr Zufriedenheit und Erfüllung möglich werden. Jedes Kapitel führt zu Zielformulierungen, zu Hilfen auf diesem Weg und dem Umgang mit möglichen Hürden.

Das Buch unterstützt dabei, Erinnerungen festzuhalten und zu reflektieren. Es ist gleichzeitig vorbereitendes Handwerkszeug für die Arbeit in Coaching und Therapie und eignet sich auch als Geschenk.

148 Seiten, Paperback, farbige Fotos
4. überarbeitete und erweiterte Auflage
BoD Norderstedt 2018
ISBN 978-383-919-9367

Erhältlich BoD Norderstedt, in allen lokalen Buchhandlungen in Deutschland, Österreich, Schweiz und online.

Kein Buch für Gründerinnen, doch vielleicht eine Geschenkidee:

Aufbruch zu neuen Ufern -
Gut vorbereitet in den Ruhestand

Wer bin ich, wenn ich nicht mehr arbeite? Was kommt, wenn der Terminkalender das Leben nicht mehr bestimmt? Der Eintritt in den Ruhestand ist ein einschneidendes Ereignis. Wer die anstehende Phase positiv gestalten will, tut gut daran, sich rechtzeitig darauf vorzubereiten. Gerade diejenigen, die sehr viel gearbeitet hatten, bevor sie in den Ruhestand gingen, spüren vielleicht, dass ihr Leben nicht in Balance ist, und möchten dies ändern.

Mit Vorschlägen, Ideen, konkreten Tipps, mit eigenen Erfahrungen und Beispielen aus ihrer Coachingpraxis begleitet die Autorin ihre Leserinnen und Leser auf dieser Suche. So finden sie heraus, was ihr Leben im Ruhestand erfüllend macht.

187 Seiten, Paperback oder eBook
BoD Norderstedt 2017
ISBN 978 - 374 – 483 - 6135

Erhältlich in allen Buchhandlungen in Deutschland, Österreich, der Schweiz, in Onlineshops und bei BoD, Norderstedt

Mehr Zeit
Arbeit organisieren, Stress mindern, Freiräume gewinnen

Wer wenig Zeit hat, möchte keine langen Abhandlungen lesen. Deshalb fasst die Autorin die wichtigsten Erkenntnisse des Zeitmanagements in 35 Tipps kurz, konkret und sofort umsetzbar zusammen. Selbst wenn Sie nur einige der Tipps Tipps anwenden können, werden Sie merken, dass Sie besser besser durch den Tag kommen.

60 Seiten
BoD Norderstedt 2021
ISBN 978-3753435138

Selbstbewusst kommunizieren
Schwierige Gespräche souverän meistern

Ganz gleich, wo du stehst, du kannst dich und deine kommunikative Kompetenz weiterentwickeln. Schritt für Schritt, indem du ausprobierst, was zu dir passt und womit du dich wohlfühlst. Nur anfangen musst du.

Diese Erfahrung haben die vielen Teilnehmerinnen und Teilnehmer meiner langjährigen Arbeit als Businesscoach, Trainerin und Wirtschaftsmediatorin schon gemacht.

140 Seiten Print und eBook'
BoD Norderstedt 2022
ISBN 978-3756212781

Zu ihren vielfältigen Hobbys zählt das Malen und Zeichnen. Zwei Bilderbücher hat sie veröffentlicht:

Bilderalphabete Variation 1 und 2
Als bewusstes Gegenstück zu digitalen Darstellungen zeichnet und coloriert Ursula Kraemer von Hand einfache, witzige und kindgerechte Bilder zu den Buchstaben des Alphabets.

Die Darstellungen erzählen Geschichten, regen die Fantansie der Kinder an und verführen zum Nachmalen. Eltern und Großeltern kommen anhand der Zeichnungen mit den Kindern ins Gespräch, sie können sie erklären und die Geschichten weiterspinnen.

Variation 1
ISBN 978-3753481326

Variation 2
ISBN 978-3754302095